Science Everywhere

科学的底色

吴晓京 —— 著

上海科技教育出版社

对本书的评价

◇

本书以独特的视角寻究科学的起源、解析科学的维度、探索科学的意义,给人以启迪和思索,不失为一部优秀科普图书。特填《蝶恋花》词一首,专以推荐:"历史溯源科探路,理性诠释,社会厘革促。概念关联详考注,分析透视多维度。//格物致知知限界,敬畏自然,狂妄终绝灭。底色详察真义揭,倾情推荐佳篇阅。"

——苏青,
中国青少年科技教育工作者协会副理事长

◇

关于科学的历史透视和哲学思考的著作汗牛充栋,但往往是历史学家和哲学家的成果,前沿科学家关于科学的整体性、系统性解读的著作并不多见,本书就是一部前沿科学家对科学进行全方位思考与解读的佳作,在大历史观的视野下,对科学与社会的互动关系、科学内部各学科的流变、科学与技术的关系、东西方文化对科学的不同影响、科学的未来发展等重大理论与现实问题,都有独到的见解和简明扼要的论述,对助力公众理解科学具有重要价值。

——黄庆桥,
上海交通大学科学史与科学文化研究院教授

◇

一位从事材料科学研究的专家,在恢宏而简明的历史与哲学架构中,探讨科学的起源与发展,令人惊叹。本书是一部值得科技哲学界研究与学习的读物,也是一部培养具有大局观和综合素养人才的通识教育读物。

——姜振寰,
哈尔滨工业大学科技史与发展战略研究中心教授

◇

科学技术是人类文明进程中的重要推动力。科学的缘起、技术的发端、理性的滋长、思想的解放,都在《科学的底色》一书里铺陈开来,伴随着人类智慧的增进划过了一条不平凡的轨迹。作者身具坚实科学背景又兼丰厚史家学养,笔锋所至,新论迭出,让我们得以从更宏大的视野来审视科学的发展,感悟科学的力量,思考科学的真义。

——尹传红,
科普时报社社长,中国科普作家协会副理事长

内容提要

奥古斯丁曾说过:"时间究竟是什么?没有人问我,我倒清楚,有人问我,我想说明,便茫然不解了。"世上有诸多事物皆是如此,科学亦是。

在追问科学之时,人们会遇到大大小小的问题,比如"什么是科学""现代科学的起源是什么""科学何用""科学知识是否绝对正确""科学与技术有何差异"等,甚至还包括"科学的未来如何"。本书力图以宏大的历史、文化视角,审视现代科学的诞生,从科学与理性、知识、技术等相关概念的关联,以及基础科学与应用科学、自然科学与社会科学的分界与融合等角度,对科学的内涵和外延进行梳理,并通过对科学的力量与限界的深度分析,引领读者不断思考科学的意义,透视科学的底色。

作者简介

吴晓京,复旦大学材料科学系教授。1982年毕业于北京师范大学物理系,获学士学位;1983年就读于中国科学院物理研究所,于1986年、1989年先后获硕士、博士学位。之后赴日本,先后在日本科技厅无机材质研究所、三菱瓦斯化学公司、日本超电导工学研究所及日本东京大学从事研究工作。2001年,作为引进中青年杰出人才,受聘成为上海复旦大学材料科学系教授。曾任复旦大学材料科学系副系主任、中国电子显微镜学会常务理事、上海市显微学学会副理事长。长期从事材料科学研究,发表过百余篇科学论文。

序　且从底色看真颜

吴晓京教授是我表弟（我姑母之子），我们两人的生活轨迹，有过一些温馨的交集和巧合。50多年前，我和他曾在北京、内蒙古等地一起度过一小段愉快的少年时光。1977年恢复高考，我考了南京大学天文系，晓京考了北京师范大学物理系，我们在南北各自念书。毕业时，我们又不约而同考了中国科学院的研究生，我们都是在中国科学院拿的博士学位，我在自然科学史研究所（1988年），他在物理研究所（1989年）。

再后来，晓京去日本从事研究，我则在中国科学院上海天文台工作。1997年我应邀去京都参加国际天文学联合会（IAU）第23届大会，会后在东京考察参访了一些日子，就住在晓京家里。1999年，我调入上海交通大学，在那里建立了中国第一个科学史系，此后我一直在上海交通大学工作。没想到两年之后，晓京也来到了上海，他被复旦大学引进，成为材料科学系教授，从此我们又在同一个城市工作和生活了。不过因为两人专业相隔颇远，我们在学术上并未合作过。

这次晓京的著作《科学的底色》出版，征序于我，我当然无论如何也不能推辞。幸好他这部著作不研究材料学，而是一种"跨界"之作，是一部带有科学史/科学社会学色彩的作品，我认真拜读之后，十分欣喜，决定真的来"置喙"几句。

以前我评论史蒂芬·温伯格的"玩票科学史"时曾经指出，一些搞前沿研究的科学家往往对科学史有两种错误认知：

一种是想当然地将科学史视为科学的附庸——认为科学史就是讲讲科学家的故事、讲讲科学成功的故事，目的是唤起听众对科学的热爱和崇敬，最终使科学史成为以寻求新知识为使命的科学共同体的啦啦队。正是在这种对科学史功能的错误认知之下，许多科学史研究者避之唯恐不及的辉格史学，在温伯格眼中也变成合理的了，这导致温伯格从错误的路径为辉格史学做了在学理上完全失败的辩护。

第二种错误认知是建立在第一种基础之上的，即许多科学家想当然地认为，自己如果想进入科学史领域玩玩票，那肯定只消略出余绪就可以轻松成为一代名票——这正是一个票友进入陌生领域时很容易出现的情况，温伯格就未能免俗。

但是——我这样说的时候已经非常努力地排除了吴晓京教授是我表弟这一事实对我可能产生的任何干扰——吴晓京教授却完全避免了上述两种错误认知。

在《科学的底色》的第一篇（前4章）中，晓京花了不少篇幅阐述近代科学形成和产生的社会背景，然而这并非老生常谈，而是为陈述他对科学的一系列思考所需的铺垫。他的这些思考，和科学史圈子里常见的叙事（有许多是老生常谈）相比，新意迭出，胜义时见。这很可能来自他作为一个"越界狩猎者"的有利之处——他不会过多受到科学史圈子里传统叙事的影响和束缚。

例如，他不赞成"一些科学史研究者试图告诉人们，科学革命之所以发生在欧洲，是因为欧洲有着深厚的科学土壤，有着科学的传统"。而这些科学史研究者为了论证欧洲的科学传统，就认为西部欧洲（即一些西方学者说的"拉丁西方"）是希腊文明和希伯来文明的继承者。对此晓京也不赞成，他举了三条理由：

为何在近千年的时间里，在"浸润在两希文明中"的基督教世界（包括东正教）没有发生科学革命？

拜占庭帝国有近千年时间掌握着丰富的希腊文献，是两希文明的直接继承者，文明程度明显高于黑暗的拉丁西方，为何也没有发生科学革命？

崛起于公元7世纪的伊斯兰文明，大量翻译古希腊文明的著作，不仅是两希文明的继承者，而且是发扬光大者，为何也没有发生科学革命？

所以他主张不应将两希文明对科学革命的影响估计过高，甚至对科学革命本身也不必估计过高，"科学革命只是欧洲整体社会变革浪潮中的一朵浪花"。至于今人一贯顶礼膜拜的文艺复兴，在晓京看来很大程度上类似"托古改制"，是欧洲的社会变革造就了希腊文明在今人心目中的伟大，而不是相反——"即使没有古希腊，此时的欧洲人也可以发掘出其他文献，作为自己推动改革的依据"。

晓京还特别指出，我们不能从科学革命最终发生于西欧这个事实，就推论出这场革命只能发生于西欧，"这种推论的论据极不可靠，结论除误导人们之外，并不能为人们提供任何有益的知识"。

讨论科学革命可以说只是热身运动，更大胆、更深刻、更有价值的讨论集中出现于本书第二篇（第5—9章）。

首先，晓京正面论述了这样的观点，曾经有很长时间，世界处在

"有技术，无科学"的状态中，所以技术的历史比科学更早、更长，技术也不需要以科学作为基础和前提：

> 无论现代学者们怎么在书斋里娴熟地利用逻辑学来论证"从经验中无法获得普遍规律"，都无法阻止自古以来的发明家们基于自己或他人的经验积累而发明创造出各类新技术，从而逐渐地提高了人类生产、生活的质量，提升了人类文明的水平。近代西方科学的产生、发展都是建立在长期以来人类技术积累的基础之上，而不是相反。

为了进一步完善自己的论证，晓京采用了"技术的科学化"这一非常有价值的命题（他是在和学术圈子里的"技术科学化"概念有所不同的意义上使用这一命题的）。在这一命题中，当科学遇到在它之前已经出现的技术时，技术可以被分成两类。

一类是可以"科学化"的技术。这类技术不仅可以用科学理论加以解释，而且还可以借助科学理论而获得提高。他举了冶铁/炼钢技术为例，这样的例子当然还可以找出很多。

不过，在传统的科学叙事中，当人们用这类例子来说事时，经常有意无意地混淆"解释"和"启发"的差别。例如，因为爱因斯坦的"质能公式"（见于他1905年发表的论文中）可以解释原子弹爆炸时所释放的巨大能量，许多人就会说"没有爱因斯坦的质能公式就不会有原子弹"，但实际上原子弹最初的设想出现于英国1914年的科幻小说中，而爱因斯坦因为"政审"通不过，从头至尾都被排除在曼哈顿工程之外。类似的例子还有瓦特的蒸汽机，科学家喜欢说是热力学"启发"了瓦特，但瓦特却说他去请教大学教授只是寻求对他已经做出的发现的"解释"——即使没有热力学，瓦特的蒸汽机改良工作也已经完成了。

事实上，从逻辑的角度来说，事件A发生后可以用理论B来解释，并不意味着事件A就必然是理论B的实际应用——哪怕理论B问世于事件A之前，因为事件A还可以是理论C、理论D……的实际应用。

这种有意无意混淆"解释"和"启发"的科学叙事，产生了一个持久的恶果——使得人们长时间习惯于将技术的成就记到科学账上，也就是将工程师、发明家的成就记到科学家账上。对此从"技术的科学化"角度进行分析，实有正本清源之功。

在这个命题之下，还有另一类技术，即无法"科学化"的技术，主要是指那些目前的科学理论还无法解释的技术。这类技术在今天就会被边缘化，甚至被指为"伪科学"而遭到打压，对此晓京举了中医为例。而他对中医的态度，应该也可以理解为他对这一类无法"科学化"的技术的态度：

> 但是中医之伟大，绝不在于其可以科学化，而在于其数千年来能够庇护斯土斯人生生不息，在各种疾病的侵袭下安然生活、繁衍在这片广袤的国土之上。与后者相比，科学这一概念实在无法为中医增辉。

他认为对于这一类技术，有没有一块"科学"的牌子，"绝非事情的核心"，在实用技术领域，"致用才是王道"。

关于如何认识技术和科学之间的关系，晓京在《科学的底色》中，可谓"一篇之中三致意焉"，有许多非常值得注意的论述。例如，关于工业革命中的三大产业技术革新，纺织珍妮机、蒸汽机、蒸汽轮船和蒸汽火车，已成论述工业革命时的老生常谈，但是晓京却指出："这些技术的发明者，推动这些技术发展的社会动力，都与当时的科学界关联甚微，没有一位接受过完整的系统教育、受到过科学训练。"

又如，晓京认为，要取得足以开辟新产业技术的科学突破，"是一件极为困难且可遇不可求的事"，诺贝尔科学奖越来越多地颁给了技术突破，"诺贝尔奖事实上日益成了技术进步奖"。他认为这正说明了技术

与科学之间的现状——"技术的发展状况优于科学的发展状况"。所以他的结论是:

> 技术的出现远早于科学,它的发展为科学的产生奠定了基础,没有这一基础就不会产生科学,而不是相反;科学出现后,成功地把某些与技术相关的知识科学化,使之成为科学的技术;科学的技术是技术的一个子集;……科学不是技术产生及进步的必要条件。

至少在大众科学传播的层面,这样的论述还是极为罕见和珍贵的。因为我们熟悉的大众科学叙事,总是将科学说成技术的基础,将我们在技术上遇到的"卡脖子"(其实很多都是不明真相、夸大其词、人云亦云的)归因于"基础科学薄弱"。

针对这些普遍流行的错误认知,吴晓京教授《科学的底色》中的有关论述,确实值得三复斯言。虽然他没有做一大堆学术包装的功夫(例如在书后堆砌冗长的参考文献),但我们都知道,真知灼见是不需要包装的。

江晓原

2024年8月1日

于上海交通大学科学史与科学文化研究院

目 录

001— 第一篇 探寻科学的缘起

003— 第一章 在混乱中酝酿有序

019— 第二章 人性觉醒与思想解放

043— 第三章 社会变革与新制度诞生

059— 第四章 用理性诠释世界

069— 第二篇 透视科学的维度

071— 第五章 理性与科学

097— 第六章 知识与科学

107— 第七章 技术与科学

143— 第八章 基础科学与应用科学

149— 第九章 自然科学与社会科学

161— 第三篇 思考科学的意义

163— 第十章 科学的力量

169— 第十一章 科学的限界

第一篇

探寻科学的缘起

在中国,科学是一个颇有神圣意味的词。学习过中国近代史的人都知道,五四运动的两大旗帜就是"民主"与"科学",即所谓的"德先生"与"赛先生",由此可见当时科学在国人心中的地位。实际上直至今日,科学依然在国人心中占据极为重要的地位,以至于在很多场合,人们都把科学等同于正确,只要提到科学,就自然而然地联想到真理,联想到正确。可以说,"科学"这一概念已经渗透到人们社会生活中的各个领域。科学无处不在。

毋庸讳言,中国的历史上本无"科学",科学是地地道道的舶来品。即使在科学的发祥地欧洲,科学的历史也相当短暂,不过只有数百年之久。但是今天的科学史著作在讲述这一点时,通常会将科学的起源追溯到2000多年前的古希腊,有些也会提及古代中国的科学以及古代阿拉伯的科学,等等。坦率地说,无论是古希腊的"科学",还是古代中国、古代阿拉伯的"科学",与今天人们所理解的科学(现代科学)都有极大的差异。虽然在有些情况下这些古代"科学"与现代科学在内容上看似相同、相似,但两者在本质上截然不同,它们之间存在一条鸿沟,这点应得到充分的注意。

谈到现代科学在欧洲(主要是西部欧洲)的产生,就不能不回顾近代欧洲的一系列社会运动及思想运动,这些运动直接推动了欧洲社会性质的变迁,创造了一种全新的社会环境。事实上,只有在这种全新的社会中,才有产生现代科学的可能性。任何回避这一点而试图仅从古代自然哲学自身发展的逻辑中解释现代科学诞生的学说,都是不完整的。因此,要搞清楚现代科学的产生,就一定要搞清楚现代科学诞生地欧洲社会的发展与变迁,特别是欧洲西部的历史。

第一章

在混乱中酝酿有序

罗马帝国解体与基督教的兴起

与中国汉帝国大致相同的时期,在地中海的亚平宁半岛上的罗马共和国通过一系列的对外战争成为一个称霸地中海,领土横跨欧洲、非洲、亚洲的大国,成为这一时期欧亚大陆西端的强大国家。公元前27年,罗马元老院授予盖乌斯·屋大维(前63—14)"奥古斯都"称号,罗马进入帝国时代。罗马帝国的正式名称为元老院与罗马人民(拉丁语:Senātus Populusque Rōmānus,缩写SPQR),全盛时期的帝国土地面积达到500万平方千米,地中海成为帝国的内海。395年,罗马皇帝狄奥多西一世(约347—395)将帝国分给两个儿子,实行东西分治,从而出现了东、西两个罗马帝国,从此之后罗马帝国再未重新统一过。2—4世纪出现于欧洲东部的匈人沿欧亚大草原不断西迁,导致原来处于北部欧洲、还未开化的日耳曼人部落向南迁徙,由此对处于南欧的罗马帝国造成了极大压力。476年,西罗马帝国的末代皇帝罗慕路斯·奥古斯都路斯(约463—480)被罗马雇佣兵领袖日耳曼人奥多亚克(435—493)罢黜,标志着西罗马帝国的灭亡;而东罗马帝国的首都君士坦丁堡(今为土耳其城市伊斯坦布尔),于1453年被奥斯曼帝国苏丹穆罕默德二世(约1432—1481)攻破,东罗马帝国灭亡。近代欧洲历史常将东罗马帝国称为拜占庭帝国,但东罗马帝国从未这样称呼自己。西罗马更多地继承了古罗马的传统,其文化更具拉丁色彩;而东罗马则显现出更多的东方色彩,希腊文化对它的影响更为显著。古罗马帝国的社会经济基础是奴隶制,在大量使用奴隶的条件下,形成了大型农庄。日耳曼蛮族的入侵,摧毁了这种奴隶制庄园,代之以封建领主庄园,形成了为数众多的封建领地,成了遍布欧洲各地的邦国。大大小小的封建领主们各自掌握其领地上的统治权,可以征税、征兵、制定法律,总揽立法、司法、行政大权,形成了一个个相对独立的实体。可以说,封建制在西方的出现并非其内部势力矛盾斗争的结果,而是外部势力摧毁了西罗马帝国的旧制度后,与帝国本土残余势力相互妥协的产物。

在斯大林时代,苏联的马克思主义教材把马克思(1818—1883)的历史唯物主义用人类社会发展"五阶段理论"加以概括,即人类最初的社会形态为原始共产主义,之后顺序发展成为奴隶制社会、封建社会、资本主义社会,最终将发展成为共产主义社会,而社会主义社会是共产主义社会的初期阶段,最终形成了苏式"历史唯物主义"学说。这勾画出了一幅人类历史从低级向高级线性发展的普适图像,用于解释各国发展的路径,在相当长的时期内在我国理论界占据支配地位。但是即使对于欧洲历史而言,这一理论显然也存在重大缺陷。在历史上,罗马帝国的奴隶制并非由其内部阶级斗争而瓦解,而是被外来势力所摧毁。以蛮族为主的欧洲封建社会是在罗马帝国的废墟上形成的,很难说欧洲的封建制是其奴隶制发展的更高阶段。一个重要的史实是,新出现的欧洲封建社会,其生产力水平、文化水平、国家治理能力实际上在相当长的一段历史时期内都远远低于此前的罗马帝国。从时间角度看,欧洲的封建制确实晚于罗马的奴隶制,但是"晚"本身并不意味着"先进"与"社会进步",把欧洲封建社会的出现解释为一种先进的生产关系取代了落后的生产关系,促进了欧洲生产力水平的发展,有悖于史实。

在用苏式历史唯物主义观解释中国历史时,也面临极大的困境。首先,近来的一系列考古发掘显示,中国历史上并没有所谓的"奴隶制社会",即在古代中国,奴隶从来没有作为经济生产的主要参与者,而只是作为社会生活中的某种补充。其次,如果说中国历史上曾经有过"封建社会"的话,那么按照"封邦建国"这一核心特征来看,最接近欧洲封建制的时期应该是西周时期。此前的夏、商王朝由于现存资料有限,难下定论。此后的春秋战国时期实际上是旧制度瓦解、新制度产生的一个历史转变期。秦始皇一统天下后,中国历代王朝实行的是郡县制,以职业官僚治国,世袭贵族基本丧失了把持朝政的特权。贵族的爵位关乎其在封地上能够享受的供奉,而几乎完全没有对领地的统治权。这些贵族所掌握的权力与欧洲封建制下的贵族完全不可比拟,对社会的影响力也是天壤之别。在经济上,秦王朝以降,中国社会的经济基础主要是分散的小农经济;而在欧洲,则是大型封建领主庄园。除了在少数几个时期,秦王朝所创建的国家制度在中国实行了2000余年,直至清王朝灭亡。无论是政治制度还是经济制度,中国历代王朝都与中世纪的欧洲迥然不同。再次,秦帝国之后中国社会的性质在苏式历史唯物主义的理论框架中没有对应物,完全无法纳入这一理论体系。在秦帝国之后,中国延续了农业文明,以小农经济为基础,形成了大一统的郡县制帝国;而欧洲在封建制消亡后,在发达的工商业基础上诞生了全新的工业文明,形成了众多的民族国家。这种现实的历史图景显然迥异于苏式历史唯物主义所描绘的图景。总体来说,这种苏式决定论的历史理论对于世界上几乎所有国家的历史都没有多少解释力。迄今为止,没有任何一个国家的历史发展轨迹可以完全纳入这一理论框架。每一个国家的历史都是独特的,历史发展决定论的观点无法经受历史史实的检验。

  罗马帝国时期所发生的一个重要历史事件是基督教的产生与传

播。最初诞生于巴勒斯坦地区的基督教原本属于犹太教的一个分支，可以说基督教是犹太教内部的一个改革派，被正统犹太教教士视为异端。这一派别在形成之初受到了来自犹太教传统势力和罗马帝国的迫害，只能在社会下层传播，最终散布到了罗马帝国统治的各个地区。宗教迫害并没有使基督教的传播终止，反而让它在几百年中成了罗马帝国中再也无法忽视的一股力量，并开始对罗马帝国上层产生影响。到了罗马帝国末期，基督教成了帝国维护自身统治的救命稻草。313年，罗马皇帝君士坦丁大帝（280—337）颁布米兰敕令，正式承认了基督教的合法地位，并于337年去世之前接受了洗礼，成为基督徒。392年，罗马皇帝狄奥多西一世宣布取缔所有异教，基督教成了罗马帝国的国教。此后，基督教教会作为罗马帝国的一个部门或机构，受皇帝的管辖，即教会直接受世俗政权的管制，甚至今天被视为基督教经

君士坦丁大帝接受洗礼

典的《新约圣经》，实际上也是在罗马皇帝主持下收集、编纂、审核、批准的。

狄奥多西一世将罗马帝国一分为二，他去世后分别由其长子、次子继承。于是出现了东、西两个罗马帝国，首都分别为君士坦丁堡（今日伊斯坦布尔）和梅蒂奥拉努（今日米兰）。当476年西罗马帝国被蛮族覆灭之后，西罗马统治区出现巨大权力真空，导致西部教会作为一个幸存的有组织的团体，影响力增强。虽然东罗马帝国在此后还曾短暂地攻占过部分前西罗马帝国的领土，但都未能形成长期有效的统治，欧洲西部政治权力被一批日耳曼部落头领占据，他们在这片土地上建立起了众多的封建国家。来自北部的蛮族虽然灭亡了西罗马帝国，但在文化上却不可避免地出现了罗马化的趋势，在这一过程中基督教开始了对整个欧洲的征服过程，北部的蛮族最终逐一跪拜于十字架下，成了基督徒。在罗马帝国把基督教奉为国教的时候，它形成五大主教制度，即罗马主教、亚历山大港主教、安提阿主教、君士坦丁堡主教，以及耶路撒冷主教。为争夺教会首脑的地位，五大主教长时期明争暗斗，无法形成中心。7世纪，起源于阿拉伯半岛、信奉伊斯兰教的阿拉伯帝国走上了向外扩张之路，导致耶路撒冷、安提阿和亚历山大港教会都因穆斯林势力入侵而衰落。剩下的罗马主教和君士坦丁堡主教自然成了西、东方教会的重要领袖。其实，罗马主教在政权分裂的西部地区也曾多次面临灭顶之灾，但因其数次与入侵蛮族成功谈判，最终摆脱了生存的困境，这反而成功地显现出其社会存在的重要性，助力其成为西部社会有实质影响力的人物。可以说伊斯兰教的扩张，客观上为基督教在西部欧洲的中心化提供了机会。8世纪中叶，为了酬谢在篡夺法兰克王国的王位过程中罗马教皇（教宗）给予的支持，原法兰克王国的宫相、加洛林王朝的创始人丕平（714—768）将其征服的多个城市献给了罗马教会，史称"丕平献土"。由此，所谓的"教皇国"出现了，罗马教皇转化成为一个掌握了世俗政权的领主,有了自身的直接经济来源,成了一个事实上政教合一的领袖,但其领地范围较小,世俗影响力较弱,更多的还是宗教领袖。

基督教东、西两大教会因有着各自不同的政治、社会及文化等,所以在圣经释读、教会组织、宗教仪式、教会纪律等方面的分歧日趋扩大,长期争辩不休,最终导致了1054年的大分裂,从此基督教分为了以君士坦丁堡为中心的东正教和以罗马为中心的天主教两大部分。在东罗马帝国的体系中,教权始终没有获得超越皇权的机会,教会的最高领袖需要得到世俗权力的认可。直至今天,东正教教会的世俗色彩仍相对有限。相对而言,由于原本统一的世俗皇权被粉碎,各世俗封建领主之间的斗争都需要得到教会的支持,天主教教会的势力在西部欧洲获得了极大的发展空间,成为西欧历史演进进程中的核心推手。

7—8世纪,政教合一的新生阿拉伯帝国开始了世界范围的急速扩张,两河流域、伊朗高原均落入阿拉伯帝国之手,在地中海东部对东罗马帝国形成了威胁,在地中海南部占据了北非大片领土,并且成功地跨越直布罗陀海峡入侵伊比利亚半岛,击败日耳曼的一支西哥特人而占据了今日西班牙、葡萄牙的主要国土,对西部欧洲形成了威胁,并在这些领地实现了伊斯兰化。伊斯兰教成为基督教世界的重大威胁,成为欧洲基督教国家的共同敌人。另外,伊斯兰教对犹太教和基督教并未采取敌视态度,而是承认犹太教和基督教信徒均为"典籍之民",都是安拉(上帝)的信奉者,在宗教政策方面相当宽容。同时,多位阿拉伯帝国的哈里发对学术研究相当重视,对从被征服的领土上获得的古希腊、古印度、古波斯文化给予了尊重与保护,来自各民族的学者在帝国的支持下开展对古文献的整理、研究,因而在这一时期阿拉伯帝国成为事实上这一地区传统文明的重要保护所及学术研究中心。这些学术研究成果与保存的文献成为日后欧洲"文艺复兴"之源。

中世纪的欧洲

西罗马帝国灭亡之后,西部欧洲的政治统治发生大分裂,日耳曼蛮族统治者没有能力继承帝国的遗产,建立统一的新帝国。在粉碎了罗马帝国的奴隶制庄园经济之后,日耳曼人在其原有部族传统基础上在西部欧洲建立起了封建制度,即大贵族向其附庸分封采邑,进而出现了许多小领主,这些小领主一方面对其领地拥有独立的治理权,另一方面对其领主负有封建义务,如每年提供贡品,在战时提供军队等。这种封建可以是多层次的,但封建义务本身是有限的,即小领主只对其直接给予封邑的领主负有责任,而对更高权位的大领主并不负责。这就是所谓的"附庸的附庸,不是我的附庸"。在封邑内,这些领主具有极大的政治、经济、司法权力,而国王、皇帝不过只是一个大号的领主而已,真正能够发号施令的范围基本限定在其直属领地。在这种封建制度下,权力被各级领主层层瓜分,有封建,而无专制。

西罗马帝国是被蛮族的武装力量所灭亡的,但只掌握了武力的蛮族显然无法建立起长期稳定的统治。此时,已经相当成熟的系统化、组织化的基督教为这些新来的统治者们提供了有效的精神武器。在罗马教会的辛勤工作下,基督教迅速成为这些蛮族领袖们的精神依托和统治工具。这些政治上分裂的封建贵族们在不太长的时间里就完成了精神上的统一,皈依在十字架下。在封建制下,领主的信仰就是其臣民的信仰。于是,原本只是罗马帝国国教的基督教在西罗马帝国灭亡后反而得到了更大规模的传播,赢得了更多的信徒,成功地向北部欧洲、中部欧洲、东部欧洲传播。欧洲各民族在精神世界的统一,对欧洲各国之后的历史发展影响极大。在这个过程中,罗马教会不但取得了主宰欧洲人精神世界的权力,同时也获得了利用教士们在各国、各公国宫廷中的传教地位而干预世俗事务的权力。教权得到了空前的扩张，罗马主教成为西部欧洲基督教世界的教皇（教宗），其下有枢机主教（俗称"红衣主教"，有选举教皇的权力）、大主教（总主教）、教区主教等，教堂遍布欧洲大陆，形成了具有严密组织结构的权力金字塔，教皇高居塔顶。1073年，甫一登基的教皇格列高利七世（约1021—1085）就颁布了著名的《教皇敕令》，明言"罗马教会从不犯错，以后也永远不会犯错"，即所谓的"教皇永无谬误"，并且白纸黑字地写道："教皇有权废黜皇帝"及"所有的君主都应亲吻教皇的脚"。当然，这并不只是一纸宣言。

800年，罗马教皇利奥三世（约750—816）在罗马城为法兰克王国的国王查理一世（约742—814）加冕，并称他为"罗马人的皇帝"，从此查理一世成为查理大帝，法兰克王国变成了法兰克帝国。世俗权力的合法性来自神，而罗马教会就是神在人间的代表，君权神授。于是，通过这一操作，世俗皇帝的权力来源被神圣化，而教会则获得了代表神的资格。双方相互依赖，相互支持，相得益彰。962年，罗马教宗约翰十二世（937—964）在罗马给东法兰克王国的奥托一世（912—973）加冕，在东法兰克王国的基础上建立了日耳曼人的罗马帝国（拉丁语：Imperium Romanum）。这个帝国于1157年改称为神圣罗马帝国（拉丁语：Sacrum Romanum Imperium），是当时欧洲的巨人，最盛时期其国土范围囊括了今日德国、奥地利、捷克、瑞士、荷兰、比利时、卢森堡、波兰西部、法国东部、意大利北部。这一帝国虽然在初期曾短暂地成为一个统一的国家，但在历史上的大部分时间里是由数百个亲王国、公国、郡县、自由城市、主教国、教会领地等组成的集团，帝国内的小国实际上都各自为政，帝国相当于一个松散的政治联盟。1076年，罗马帝国皇帝亨利四世（1050—1106）与教皇格列高利七世发生冲突，教皇宣布开除亨利四世的教籍，并废黜和放逐亨利四世，解除臣民对亨利四世宣誓效忠的有效性。这直接导致帝国内大多数君主的强烈反应，他们表示如果亨利四世不能在一

罗马皇帝亨利四世在卡诺萨投降

年之内恢复教籍,那么亨利四世将失去其作为皇帝的合法性。为重获教籍,亨利四世不得不上门求情,但格列高利七世将其拒之门外,迫使罗马帝国皇帝在冰天雪地中站立了三天,格列高利七世这才取消了对他的处罚。这一事件显示,该时期皇权被神权彻底压制,神权之盛一时无两,但其背后所体现出的神权与世俗政权之间的斗争之激烈、之残酷也为日后欧洲社会激烈地反对罗马教会的统治埋下了伏笔。

封建制下的欧洲城市，地位相当特殊。封建领主通常不会管理商人的事务，因为封建法律和习惯法无法适用于商业问题。商人们在商业活动中形成了自己的商业习惯法，进而处理货币与货币交换、债务与破产、契约等事务，所以他们希望有自己的法律、法庭，即希望自己管理城市，由此产生了中世纪城市与封建领主之间的矛盾和斗争。作为妥协，城市可以通过经济赎买的办法，从国王或属地封建领主那里取得特许权，从而拥有自治权。这些特许权大致包括人身自由，市民不能成为农奴，司法及财政独立等。一些城市的自治权并不完整，市长是由国王委任的；一些城市拥有完全的自治权，城市有市议会，可选举市长或市政官；少数城市，如威尼斯、佛罗伦萨，则成为城市共和国，拥有更大的自治权，包括拥有军队及外交权等。尽管这些城市当时的人口规模与同时期东方国家的城市相比颇为可怜（直到1500年，欧洲第5大城市佛罗伦萨只有区区7万人，而第2大城市威尼斯的人口数量也不过约10万人，其16世纪的人口高峰值也仅为17万），但是这些小小的城市却酝酿着全新的社会，在欧洲乃至世界近代史上占有重要地位。与封建庄园的生活基本能够自给自足不同，城市的社会分工更为细化和普遍，居民需要通过各类商业活动谋生，这些活动在很大程度上受控于各类行会，行会领袖因此而取得了相当高的社会地位，这种地位可以转化为政治影响力，甚至政治权力。意大利佛罗伦萨的美第奇家族最初就是通过经商不断聚集财富的，他们从事羊毛加工生意并在毛纺同业公会中活动，后来进入金融界，进而跻身于政界，成为贵族。15世纪初，美第奇家族开始掌控佛罗伦萨，最终登顶意大利乃至欧洲上流社会的巅峰，直至18世纪中期因绝嗣而解体。这一家族先后产生了四位教皇、多名佛罗伦萨统治者及托斯卡纳大公，两位法兰西王后及其他一些欧洲王室成员。其实，在中世纪末期，几乎所有的西欧城市都不同程度地摆脱了封建束缚。城市中的商人、手工业者等群体逐步形成了与当时仍占主

佛罗伦萨乌菲齐公爵柯西莫一世,美第奇家族代表人物之一

导地位的封建庄园制下的民众完全不同的利益集团。最初的资产阶级正是在这个群体中诞生的。

天主教的教义主张原罪说,认为世人从诞生到这个世界之日起就负有原罪,只有通过教会的引导,不断修行、赎罪,才可能在末日审判后进入天堂,重新回到上帝身边。天主教教义中有很强的禁欲倾向,轻视人们的日常生活而过分拔高精神生活的重要性,轻视现世而看重彼岸,这对于生活在困苦之中的人们有巨大的吸引力。在西罗马帝国灭亡后的西部欧洲,罗马文明受到外部的毁灭性打击,整个社会经历了一次大规模的重组。新封建统治者很快就发现,这种把希望寄托于"彼岸""天国"的教义,无疑可以缓解人们对现世的不满,成为稳定社会的精神安慰剂。下层民众的精神需求、上层统治者的推波助澜，使基督教的版图不但没有随着帝国的崩溃而走向衰落，反而趁势而起，大肆扩张，跨越旧帝国的边境，向欧洲北部扩展。在蛮族和教会的双重打击下，长期以来繁荣的古希腊及古罗马文化在西罗马帝国的故土上几乎断档。这一时期日耳曼贵族的文化水准极低，相当一部分贵族是文盲，缺乏治理领地的能力。在这种情况下，教会通过建立学校，培养教士，实际垄断了知识及其传播。作为一支依然掌握文化的社会力量，教会

16世纪教皇出售赎罪券的插图

的影响力日益扩张,大量的教士进入各级世俗贵族领地,不但通过传教充当精神导师,同时也直接出任政府官员、顾问,直接参与世俗政治,直至建立主教国。教会通过征收什一税、接受信徒捐赠、出售赎罪券等方式大肆敛财,富比王侯。由于封建制下的欧洲实行长子继承制,即贵族家庭中只有长子拥有对爵位、土地等资产的继承权,而其他子女没有继承权,大量贵族子弟成年后需要另寻出路谋生。因此,大量贵族子弟进入神学院,学习经过基督教教会审核后的文化,通过学习成为教士。在这种情况下,欧洲的世俗政权与神权之间的关系就结合得更为紧密了。一些欧洲贵族家庭通过操纵教廷,可以把自家人推向高级教士的位置,甚至决定教皇人选。这种具有鲜明世俗背景的教士集团已经不再是一个简单的信仰者的组织了,教会的领袖们实际上把相当的精力放在了世俗世界中的争权夺利、相互倾轧,以及世俗生活的享乐之上。与东方世界相比,文明的中断、神权的极度扩张、保守的教义导致西部欧洲在西罗马帝国灭亡至文艺复兴期间社会发展相对滞后。在欧洲历史上,这一时期处于所谓的中世纪,一些人形容其为"黑暗时代"。要结束这一时代,需要历史的契机。

来自东方的激励

1096—1291年,在历届教皇的多次号召下,西部欧洲的领主、骑士及大量下层民众发动了以维护宗教信仰为旗号的战争,对信奉伊斯兰教的东方国家进行了长达近200年的多次入侵,即欧洲历史上著名的"十字军东征"。虽然战争以宗教信仰为名目,但是其中还掺杂着各种政治、经济的谋算。其中,1202年发起的第四次东征,由意大利和法国贵族组成的十字军在大金主威尼斯贵族的操纵下,直接攻占并劫掠了同样信奉基督教的东罗马帝国首都君士坦丁堡。这些来自西方的贵族们甚至策划了彻底瓜分东罗马帝国、建立拉丁帝国的计划。十字军的这次入侵加速了东罗马帝国的衰败,为日后东罗马帝国的彻底灭亡添了一把火。战争是残酷的,基督徒和穆斯林都因此而大量流血,双方埋下了长期的敌视与仇恨。但是客观地讲,对于西部欧洲人来说,这场长达200年的战争为原本生活贫乏的人们打开了眼界。东方的文明、东方的财富、东方的文化、东方的技术都在这近200年的战争中为闭塞的西部欧洲人打开了一扇窥视世界先进文明的窗户。

在欧洲大陆的另一端,8世纪初叶,阿拉伯帝国征服了伊比利亚半岛的主要部分,建立了伊斯兰政权,实现了伊斯兰化。在阿拉伯人于后倭马亚王朝(756—1031)统治伊比利亚半岛期间,其首府科尔多瓦成了全地中海、欧洲和伊斯兰世界最顶尖的经济及文化中心之一,兼为欧洲最大城市,许多先进的伊斯兰技术均产于此地,它是欧洲主要的教育中心,并且是伊斯兰世界和基督教世界进行经济和文化交流的结交点。基督教世界实际上正是通过这一结交点在很长的一段时间里从当时世界上文明程度最发达的伊斯兰世界学习了大量的知识。也就是从阿拉伯人到来的时候起,信奉基督教的西班牙贵族们就开始了长达近800年之久的失地收复运动。早期西班牙贵族们处于守势,主要是抑制阿拉伯人的北上扩张。但随着阿拉伯帝国的衰退、灭亡,在伊比利亚半岛上的伊斯兰政权也多次改朝换代,逐步走向衰亡。与此同时,在罗马教会的倡导、号召下,在欧洲大陆的各种基督教势力的介入和支持下,这些西班牙贵族们逐步取得优势,最终于1492年攻占了格拉纳达城,奈斯尔王朝(1238—1492)彻底灭亡,为时7个多世纪的收复失地运动正式告终。重新恢复了全境统治的西班牙国王斐迪南二世(1452—1516)和其王后伊萨伯拉一世(1451—1504)是虔诚的天主教信徒,对异教徒极为残酷。欧洲历史上著名的"西班牙宗教裁判所"就是在1478年诞生于伊萨伯拉一世之手。此后,西班牙对还生活在这片土地上的异教徒,包括伊斯兰教徒和犹太教教徒,开展了残酷镇压,或强制改宗,或加

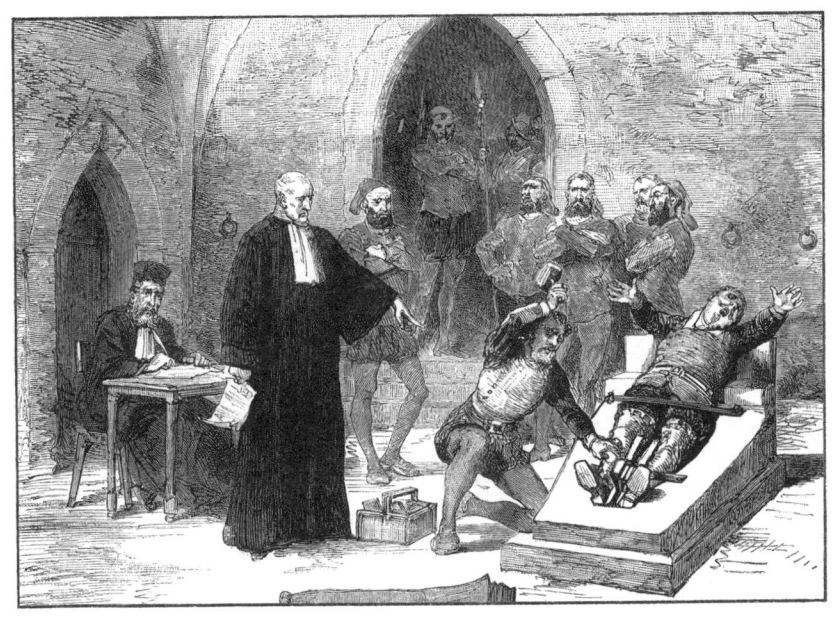

西班牙宗教裁判所内的审判场景

以驱逐。西班牙原本是世界上犹太人长期聚集数量最多的地方,但在伊斯兰王朝统治时期,他们却不得不背井离乡,流亡他乡。在这一过程中大量财富落入国王、教会手中,而被迫出走的犹太教教徒多为商人和手工业者,他们的离去对西班牙的经济造成深远影响。同时这些最终散布到欧洲其他国家的商人、手工业者对促进这些国家的发展起到积极作用。荷兰、德国、法国都是这次犹太人被迫迁徙的受益者。

尽管从伊斯兰兴起并开始向外扩张后,伊斯兰世界与基督教世界的接触就谈不上有多么友好,但相对而言,此时强势的伊斯兰政权对基督徒比较宽容,反之则不然。双方的接触既有充满暴力的战争,也包括通商和人员的往来。大致在830—930年,在阿拔斯王朝统治期间,伊斯兰世界发生了一场由哈里发支持的翻译运动,即所谓的"大翻译运动",大量的古希腊文献被翻译成阿拉伯文。在此基础上,一批阿拉伯学者也在各个领域做出了极为出色的工作,留下了丰富的著述。由于蛮族的入侵,这些古希腊著作已经在西部欧洲世界泯灭多年,因此这种接触刺激了基督教世界的变革。古希腊的典籍,古印度的数字(即所谓阿拉伯数字)、医学、炼金术等都是经由伊斯兰世界传入了天主教世界。中国的造纸术、指南针、火药、印刷术也都是在14世纪通过伊斯兰世界而逐步传入欧洲的。在今日西方语言中(如英语),可以发现大量的词汇与阿拉伯语有关,可见当年伊斯兰世界对西方基督教世界影响之巨大。与此同时,在来自东方的伊斯兰势力的压迫下,东罗马帝国的一些学者也不断向西方移居。这些学者们使用希腊语,并携带着一大批古希腊文献。事实上,人们一般认为,正是这些从伊斯兰世界引入的古希腊文献,直接促进了天主教自身的发展、变化。例如,从东方翻译而来的大量亚里士多德(前384—前322)的作品,使天主教的神学理论产生了重大变化,进而天主教神学从教父哲学发展成为经院哲学。当然,这些传世作品中到底有哪些是亚里士多德的原著,哪些是后人借名的伪作,至今依然有很大争论。在经院哲学的体系中,当时占统治地位的天主教神学通过用亚里士多德的逻辑分析方法与自然哲学相结合的方法,改造了传统的神学理论,对此后的天主教神学和自然哲学的发展产生了重要影响,为日后西方社会的发展提供了新的思想养分。正是在来自东方世界的激励下,西方的基督教世界走向了新的征程。

第二章

人性觉醒与思想解放

文艺复兴运动：孕育希望的种子

西罗马帝国灭亡后，中世纪欧洲的历史即天主教势力扩张的历史。作为战争胜利者，来自欧洲北部的蛮族在基督教的洗礼下形成了在这片土地上具有相同精神信仰的共同体，完成了初步的文明化。相比于世界上同时期的其他地区，这时的欧洲在文明程度上没有丝毫的优势，而更像后发者，在伊斯兰文明的压力下努力求生。在这种情况下，天主教世界发生了一次重大的内部变化，产生了文艺复兴运动。

文艺复兴运动是14—16世纪发生在欧洲的一场文化运动，其直接策源地是处于南欧的亚平宁半岛，即今日之意大利。14世纪的意大利并非一个统一的政治实体，而是由一些独立城邦和封建领地构成，如南部的那不勒斯王国、中部的佛罗伦萨共和国和教皇国、北部的米兰公国、西北部的热那亚共和国、东北部的威尼斯共和国，是当时欧洲城市化水平最高的地区，也是西部欧洲通过地中海与东方开展贸易的主要通道，已经形成了人口众多的市民阶层。在外部文化的影响下，以及内部对宗教统治的不满情绪的影响下，这一地区最先出现了一批以诗歌、文学、绘画、雕塑、建筑等艺术形式的新作品，这些作品与中世纪以描述、歌颂等方式表现各种圣经事迹的作品相比，无论在形式上还是在内容上，都有了极大的变化。在打着复兴古希腊及古罗马文学、雕塑、建筑的旗号下，对中世纪教会所推崇的各种艺术形式进行了改造与突破，使得这些艺术作品更多地体现了现实的生活，更加具有了现世生活的气息，冲破了天主教禁欲主义的束缚。

中世纪的圣经都是用希伯来文、希腊文与拉丁文写成的，文字的载体多为羊皮纸。这种纸的造价极为高昂，导致这些书籍价格不菲，不是一般民众所能接触的。因此，在纸张和印刷术传入欧洲之前，这些书籍只供给教堂和少数贵族。知识被少数特权阶层垄断。此时的欧洲各民族尚无自己的文字，因此只有具有希腊文、拉丁文知识的人才可能直接阅读圣经，而大众只能通过神父们的讲解来了解、学习圣经。通过这种对圣经事实上的垄断，教会获得了对民众精神世界的控制权。在文艺复兴运动的初期，通过但丁（1265—1321）、彼特拉克（1304—1374）、薄伽丘（1313—1375）等人的文学著作，现代意大利文才得以成型。此后，艺术家与文学家的注意力已经不再紧盯天国，而开始注重人间的生活了。市井百姓、贩夫走卒、饮食男女都开始堂而皇之地出现在文学作品之中，对财富的渴望、对喜怒哀乐的表达、对教会和教士的冷嘲热讽，成为这些作品选择内容及主题时的共同倾向。即使在宗教题材的绘画中，人物的神态也开始变得生动活泼，开始展现具体场景中人物的心理，不再是一个个神情呆板、面无表情的符号了。在此后的几百年中，在复兴古希腊及古罗马文明的旗号下，文艺复兴运动不断向欧洲的其他地区扩散，成为改变欧洲社会的一场声势浩大的思想解放运动，对天主教世界产生了极为广泛而深远的影响，并在长达近千年的中世纪罗马教会的思想禁锢的牢笼上打开了一个缺口。对现世人们生活的关注直接导致了欧洲人文主义的诞生与发展。人，开始有了自己的地位，而不再是匍匐在十字架下的卑微存在了。在伊斯兰文明的示范下，11世纪的欧洲城市中开始出现了大学。此时的大学多为民间自发组织而成，之后获得王室或官方的特许，成为自治机构，甚至拥有司法自治权。最早的欧洲大学是诞生于1088年的意大利博洛尼亚大学，它最初以教授和研究法学为主要内容。14世纪之后，欧洲的大学数量快速增加，到1500年时，已达到80所，除法学外，主要学科还有文学、医学和神学。大学逐步成为知识传播与创造的中心，对欧洲社会的演变起着重要作用。

推动文艺复兴运动产生与发展的另一个因素是14世纪上半叶在欧洲流行的黑死病（鼠疫），据估计该病导致欧洲人口丧失了约三分之一，大量的人类聚集点因此而消亡。意大利正是欧洲黑死病的策源地，其所受到的打击更为惨烈。由于此时意大利的城市化率已经颇高，而城市的卫生体系又极差，污水横流、屎尿满街给病菌的传播提供了极好的环境。由于疫病起因不明、采取的防御措施不当等，在很长时间内黑死病在欧洲多处反复发生，这对当时欧洲社会产生了巨大影响。在疫病发生初期，教士告知民众，疫病是上帝对人类种种恶行的惩罚，如果人们以更为虔诚的态度信奉上帝，按照上帝（教皇）旨意行事，就可以免除这种惩罚。显然，病菌并没有按照教士的剧本行事，在当时城镇的卫生状况并未得到改善的情况下，疫情依然在传播且反复发作。刚开始时，教士们还为病死者举行宗教仪式，但频繁举行这种仪式导致大量教士被感染，教士成了高危人群。部分教士由于畏惧死亡而放弃了自己的职责，不再承担主办葬仪的责任，而将死者草草掩埋。教士说教的失信、疫情的反复出现、教士放弃职责的行为等，都对教会的公众形象及信誉造成极大的打击，大量亲人和近邻的死亡也给民众造成巨大的心理冲击，动摇了民众对教会的虔诚之心。在这种情况下人们不得不重新思考现世与天堂之间的关系，结果是人们对教会产生怀疑，对教会近千年来所鼓吹的禁欲主义产生怀疑。世俗化、享乐主义的思潮不可逆转地兴起，成为这一时期人文主义的一部分内容。对欧洲文学产生巨大影响的《十日谈》一书所描写的就是在佛罗伦萨闹瘟疫期间，一群城市青年为躲避疫情而来到乡村，这些青年每人每天围绕一个主题讲述一个故事，这些故事细致入微地描述了当时意大利的社会风貌，其中不乏对于教会、教士的冷嘲热讽、嬉笑怒骂，也充满了对现世生活的热情颂扬和对幸福生活的渴望。这类作品的出现及广泛传播，昭示着新时代的来临。从这一点看，黑死病的发生对动摇中世纪教会的精神统治，唤醒人们对世俗生活的热情，从追求虚无缥缈的彼岸世界变为正视现世的日常生活起到催化剂的作用，加速了欧洲社会的转型。换言之，人文主义的兴起、教会影响的衰退和宗教信仰的动摇是以数百万欧洲民众的生命为代价的。

文艺复兴运动不但促进了西部欧洲的思想、文化领域的变化，在技术与科学领域也起了极大的推动作用。15世纪中叶，德国商人、发明家谷登堡（1400—1468）在前人技术的基础上发明了金属活字印刷术。这一技术的出现导致知识传播成本的极大降低，使得大众有了通过获取

谷登堡与印刷机

书籍而掌握知识的可能性。这一技术进一步推动了文艺复兴运动中各种思想的传播。此后，欧洲的印刷技术在相当长的时间内保持了世界领先地位。

16世纪，波兰神父、天文学家哥白尼（1473—1543）发表了其名著《天体运行论》，提出了以"日心"替代"地心"的天体运行模型。哥白尼曾有长期在意大利两所大学接受教育的经历。他的这一模型与中世纪罗马教会所坚持的地心说宇宙模型相悖，而地心说此时已完美嵌入罗马教会所宣扬的神创论世界体系中了。新模型的出现不可避免地会与教会的正统学说发生冲突。接受过完整神学教育的哥白尼对自身工作的意义有着清醒的认识。他在40岁左右时就确立了日心说，但出于各方面的考虑，直到古稀之年才下决心将之出版，最终在其弥留之际才拿到此书的第一版。哥白尼的工作被认为是科学革命的先声，对其后的学者产生了巨大的影响。

1527年，西班牙与神圣罗马帝国的军队洗劫了罗马城，这标志着文艺复兴运动走向终结，但没有人可以否认，正是由于这一运动，意大利才具有浓郁的创新、开拓气氛。这一时期产生了一位伟大的科学家伽利略（1564—1642）。伽利略的一系列研究工作为日后现代科学的诞生奠定了基础。牛顿（1643—1727）的理论中的一些基本物理学概念及原理实际上都源自伽利略。更重要的是，伽利略开创了现代物理学的实验研究方法，奠定了用数学与实验相结合来描述物质运动的基本物理学理论形式，这种形式为牛顿和其后的物理学家所继承，并发扬光大。当时，伽利略利用早期自制的光学望远镜对星体进行了大量的观察，并有一系列重要的发现。正是因为这些开创性工作，伽利略被后人称为"现代物理学之父"。

由于赞同哥白尼日心说，1633年伽利略受到了来自教会异端审判庭的严厉处分，被迫公开放弃对日心说的支持，并被判终身监禁，他所

伽利略在1609年展示他的望远镜

有的作品都被查封且不允许有新的著述面世。由于伽利略与教会的高层人士有很好的私人关系,最终在1634年他被允许回到位于佛罗伦萨的家中,直至去世。在这段时间里,伽利略有幸完成了他最后一部重要著作《关于两门新科学的对话》。相比于被视为异端、最终被烧死于罗马鲜花广场的神父布鲁诺(1548—1600)而言,伽利略的归宿已经好很多了,但人们依然可以看出,此时的教廷对于可能动摇其思想统治的异端处罚还是很严酷。哥白尼和伽利略等人的工作显示,随着文艺复兴运动的发展,一部分欧洲人的注意力已从传统的教会神学转向对自然哲学的研究,人们思考问题的方向、方法都有了新的变化,人类的理性开始步入一个新时代。

尽管今日的人们通常认为,文艺复兴运动是对当时统治欧洲精神世界的罗马教会的冲击、批判,而且教会也确实对这些冲击产生了激烈反应,但是总体上看,文艺复兴运动本身似乎是在教会的容忍,甚至鼓励之下开展的。以前文提到的薄伽丘的名著《十日谈》为例,其内容不乏对教士、教会的冷嘲热讽，几乎没有作为正面人物、人生楷模的教士出现。虽然教会对作者有所不满，但薄伽丘并未受到来自教会的严酷打击，反而能够出入宫廷，从普通市民跻身于上层社会。此外，文艺复兴时期最著名的几位艺术家，如波提切利（1445—1510）、达·芬奇（1452—1519）、米开朗琪罗（1475—1564）、拉斐尔（1483—1520）、提香（约1489—1576）等人，都是教廷和各国宫廷的常客，这些艺术家的订单也都来自教会和贵族。可以说，如果没有教会的容忍和来自教会与贵族的财政支持，那么这些艺术家的生活大概不会这么优雅、自得，他们的作品也很难流传至今。美第奇家族对文艺复兴运动起了极大的作用，很多文艺复兴运动中的名人都是这一家族的座上客，受到过他们的资助与庇护。至今，佛罗伦萨的乌菲兹美术馆中依然展示着美第奇家族当年所收藏的大量文艺复兴运动时期的作品，其收藏的数量与质量都是世界级的。考虑到这一家族在世俗社会与教会中的地位，来自这一家族的支持对文艺复兴运动的重要性也就不难理解了。值得一提的

波提切利的经典作品《春》

是,文艺复兴时期的先锋们虽然以各种形式对教会进行了种种批判,但是他们并没有提出一个可以替代的新方案。可以说,他们对原有的思想体系、组织体系有批评而无摧毁。这一点大概也是教会对这批人保持忍耐态度的主要原因吧!

就在文艺复兴运动兴起的同时,欧洲还爆发了一场英、法两国之间长达百年之久的战争,史称百年战争(1337—1453)。战争的起因是英、法两国国王争夺法国王位的继承权以及欧洲大陆上的一些领地的统治权。战争爆发的时候,这两个国家都还是欧洲传统的封建君主制,此时的国王也仅仅是一个大号封建领主,对其下属领主们的领导权、支配权相当有限。而且作为传统封建领主,其对于国民的影响力相当有限,平民百姓对国家的归属感相当薄弱。战争爆发之初,战争的形态依然是欧洲中世纪典型的骑士战争。领主们为争夺领地而战,与领地上的平民百姓没有多少关系,但是随着战争的持续,双方动员的范围不断加大,两国百姓所受到的伤害也日益增加,成为战争的受害者。长期持续的战势跌宕起伏,双方在战场上、外交上纵横捭阖,时而英王占据优势,时而法王大举反攻,时而双方握手言和,转眼间又大打出手。在战争期间,双方各自经历了5位国王。1453年,法国国王查理七世(1403—1461)的军队最终将英国国王亨利六世(1421—1471)的军队逐出了除加来港之外的所有欧洲大陆领地。此时双方已无力再战,百年战争就此结束。

战争的结果是英国国王失去了在欧洲大陆的封地,只能退缩到英格兰岛,可以说法国取得了战争的胜利。从此英国再也没有继续谋求在欧洲大陆上的领土,转而实施离岸平衡政策,防止欧洲大陆出现统一帝国。百年战争促进了英、法两国国内的政治结构的变化,使两国从原本松散、分裂的封建君主制向中央集权的封建君主专制转变,王权得到了加强,国内的封建领主势力开始屈服于王权。同时,通过长期的战争,两国国内都突破了传统封建制下的地域藩篱,形成了广域的民族认同,民族主义开始萌生;双方的军事组织、军事技术都发生了重大变化。战争的代价是惨重的,但战争的结果事实上削弱了两国国内的封建割据势力,导致开始出现强大的王权,为此后英、法两国的兴盛造就了内部条件。

地理大发现:殖民扩张与资本积累

在中世纪,亚平宁半岛上的商人通过地中海的海洋商路与东罗马帝国的商人交易,获取来自东方世界的香料、瓷器、丝绸,积累了巨量的财富,多个意大利城市的繁荣也与这种海上贸易有直接关系,但这也造成了这些经济体对东西方贸易的深度依赖。14世纪初叶,奥斯曼帝国的兴起直接导致了东罗马帝国的快速衰落。奥斯曼帝国在地中海沿岸地区的势力不断扩张,控制了东西方交通要道,对往来过境的商人肆意征税、勒索,加上战争和海盗的掠夺,东西方的贸易受到严重阻碍,影响了天主教世界的经济运转。如何摆脱奥斯曼帝国的阻断,找到与东方世界的直接商路,成为西方世界的重大目标。

就在亚平宁半岛开启文艺复兴运动之后百余年,伊比利亚半岛上的葡萄牙开始了另一项改变世界的事业:恩里克王子(1394—1460)开设了世界上第一所专门培训航海技术的学校,系统地培养出了一批具有专业知识及能力的航海人才,这些人成了日后欧洲大航海时代的先锋。他们在学习阿拉伯航海技术的基础上开发出了新的造船技术,使欧洲人终于有了能够航行于大西洋的船舶。从地理上看,葡萄牙邻近北非,这一地带是伊斯兰教地区,而此时的伊比利亚半岛上依然还有伊斯兰势力。因此,对于统治葡萄牙的天主教贵族们而言,向非洲方向的扩张还有宗教战争的意味。在恩里克王子的直接组织及倡导下,在葡萄牙王室的鼓励下,葡萄牙开始了大规模的海外探索与殖民历程,在西非大陆上建立了多个殖民地,并从中获取了极大的经济利益,由此激励了大量的探险者、冒险家走上这一道路。应该说,对于欧洲人来讲,殖民本非新生事物,毕竟从古希腊、古罗马时代,就有了环地中海殖民的长期历史,而蛮族自北而南的迁徙也是一种殖民活动。但是,这次由葡萄牙人所开启的殖民活动,其规模和影响大大超出了这些发起者的预想,从根本上改变了人类社会发展的走向。当然,要在数百年后才可以看清其结果。

1487年8月,在国王若奥二世(1455—1495)指令下,葡萄牙贵族迪亚士(约1450—1500)率领一支由3只船组成的船队离开里斯本,并于1488年2月到达了非洲大陆最南端——好望角。1497年7月,葡萄牙航海家达·伽马(约1469—1524)从葡萄牙里斯本出发,探索向东方的航路,并于1498年5月绕过好望角抵达印度的科泽科德(现为卡利卡特)。他们通过与印度的直接香料贸易,为葡萄牙帝国获取了极大的经济利益,也极大地刺激了天主教世界对开拓殖民地的热情。之后葡萄牙通过多次战争,在印度洋上建立了多个殖民地。

1494年,为了协调西班牙和葡萄牙两国的扩张方向,教皇亚历山大六世(1431—1503)出面,西、葡两国签订了一份旨在瓜分"新世界"的协议——《托德西利亚斯条约》,规定两国将共同垄断欧洲之外的世界,大体是在佛得角以西370里格处划界(史称"教皇子午线"),该线以东发现的土地归葡萄牙,以西发现的土地属西班牙。考虑到1500年时葡萄牙的人口不过100万,西班牙也只有不到700万,而此时东方的中国人口数量已经以亿为单位了,可见此时的天主教世界之无知、之狂妄。但历史确实为这些无知且狂妄的教徒们打开了一扇门,使这些来自欧洲的殖民者们获得了在全球大肆扩张的机遇。

15世纪的欧洲人已经认识到地球是球形的,因此有人认为应该可以向西航行跨越大西洋到达东方国家,即中国、印度等地。根据13世纪意大利人马可·波罗(约1254—1324)在《马可·波罗游记》中的记载,东方世界遍地都是财富,黄金、香料、珠宝和宝石唾手可得,因而此时的西方人对神秘的东方世界充满了向往。当时航海技术已经较为成熟,在获取巨额财富之欲望的驱动下,1492年8月3日,热那亚人哥伦布(约1451—1506)在长期游说欧洲多家王室失败的情况下,最终得到了西班牙女王伊萨伯拉的赞助,率领3艘百十来吨的帆船,从西班牙巴罗斯港出发,经过70个昼夜的航行,于1492年10月12日到达中美洲加勒比海的巴哈马群岛。之后的10年间,哥伦布先后4次到达美洲,并在第三次时"发现"了南美洲大陆。但是,哥伦布本人至死也没有认识到,他发现的是一块对于欧洲人而言的新大陆,而不是他自己认为的印度。哥伦布当时将在此发现的人称为"印第安"(即印度人)的原因正是如此。

作为哥伦布航海事业的赞助者,西班牙王室很快从中获得了巨大的经济回报。1519年,西班牙人在短短一年时间里控制了加勒比海最

哥伦布发现美洲

大的岛屿古巴，建立了哈瓦那城；登陆墨西哥，建立了韦拉克鲁斯城；建立了巴拿马城，并开始入侵南美太平洋沿岸地区。1521年，西班牙贵族科尔特斯（1485—1547）带兵深入内陆，最终征服并灭亡了此时中美洲最大的阿兹特克帝国。1533年，皮萨罗（1478—1541）率领180人的军队，征服人口多达600万人的印加帝国，两年后在秘鲁建立利马城，并以此作为控制南美其他地区的基地。1535—1776年，西班牙在美洲殖民地先后建立了4个总督区，进而控制了大半个南美洲大陆和部分北美洲领土。因美洲原住民对欧洲殖民者的到来所携带的病毒、病菌没有抗体，所以很多原住民丧生。美洲人口数量剧减，加之西班牙殖民者有意识地破坏，最终有近万年历史的美洲文明受到了毁灭性打击。至今世界各地的人民虽然都在享受着美洲农业文明的丰富遗产，但已经很难全面了解这一文明了。在欧洲人到达之前，美洲大陆上的原住民数量高达数千万，分布区域遍及整个美洲大陆，文明延续近万年，而如此规模的文明在短短数百年间就被彻底摧毁，逐渐消亡，这在整个人类文明史上绝无仅有。

1500年，葡萄牙航海家卡布拉尔（约1467—1520）抵达南美大陆，开启了葡萄牙在南美洲的殖民历史。与西班牙在美洲建立了多个总督区，并最终分裂为多个国家不同，葡萄牙在美洲的殖民地最终只形成了一个国家，就是巴西。作为葡萄牙殖民地的巴西，全盛时期的国土面积超过1000万平方千米，即使今天，巴西的面积依然超过850万平方千米，大约是今日葡萄牙本土面积的90倍。

西、葡两国对美洲的殖民活动给自己乃至欧洲带来了巨大的财富。殖民者在富饶的美洲大陆上建立庄园、开采矿产，为获取足够数量的劳动力，从非洲大陆的部落酋长手里大量购买黑奴。通常，他们用欧洲的手工业制品换取黑奴，然后将黑奴贩卖至美洲大陆，再把美洲大陆用黑奴开采的贵金属和其他资源运送回欧洲大陆，最终形成了一个闭合的三角贸易。通过这一途径，王公贵族获取了大量的财富。在此后的300多年中，有大约1000万非洲青壮年劳动力被贩卖到美洲。如果考虑到途中死亡的人数，这个数据将进一步增加。利用这些劳动力，殖民者开采矿产、砍伐木材、建立庄园，美洲大陆的贵金属和各种财富被大量运送到欧洲，成为西、葡两国在这一时期制霸欧洲的财源。1500—1800年的300年中，有2700吨黄金、73 000吨白银从美洲大陆运往欧洲，这些巨额财富一方面成为王公贵族们过上豪华生活以及对外发动战争的本钱，另一方面刺激并助力欧洲工商业的长足发展，为市民阶层的生存、发展、壮大提供了巨大的空间。作为对比，1550—1700年，中国通过海外贸易而输入的白银总量也不到7000吨。如果把贵金属理解为财富，可以看出欧洲人从美洲在这一时期掠夺了多么惊人的财富。巨额财富的输入对欧洲社会的影响巨大。特别是在16—17世纪西班牙帝国最为强盛的时代，西班牙王室在美洲财富的支持下强力扶植罗马天主教教廷，深度干涉欧洲事务，为此长期与多个欧洲王公贵族作战，导致国力透支。为筹集战争资金，西班牙向欧洲的金融势力大力举债，致使王室多次破产。欧洲大陆上长期的战争一方面对欧洲的社会、经济造成了打击，另一方面又极大地促进了欧洲战争技术的发展，成为欧洲社会发展的内在动力。

大航海时代的开启之物质基础是成熟的航海技术，是发达的造船技术和导航技术。仅仅有航海技术并不会导致大航海时代的出现，更不会必然地导致殖民时代的到来。事实上，1405年，中国明王朝的大航海家郑和（1371或1375—1433或1435）就在明成祖朱棣（1360—1424）的命令下开启了第一次下西洋的远航，并在之后的20余年中完成了共计7次下西洋的壮举，向南到达爪哇岛，向西到达东非、红海、波斯湾。如果仅从航海技术角度讲，那么郑和的远航应该被视为人类最初的大航海活动。从物质条件上讲，郑和的船队比百年之后的葡、西两国的船队硬件要更先进,而且政府的财政以及人员支持力度也更大。但是,今天人们在谈到"大航海时代"时,显然不是以郑和的远航为中心的,而是把葡、西两国的海洋探索作为开启大航海时代的标志性历史事件。评判郑和航海与哥伦布发现美洲、达·伽马到达印度之意义的标准当然不是航海技术的水平,而是这些行为对人类社会发展方向所产生的影响。

对于郑和航海的目的到底是什么,有多种说法,至今也没有统一的结论。事实上,在15世纪40年代,由明王朝支持、组织的大规模航海事业就已落下帷幕,只留下袅袅余音和思古畅想。而哥伦布、达·伽马航海的目的却十分明确,两国的航海事业也在数十年,甚至上百年的尺度上得以持续,最终影响并改变了世界。从道德角度讲,人们有理由谴责由葡、西两国开启的全球殖民时代是多么不道德、反人类,但吊诡的是,正是这种殖民活动为欧洲人最终开辟人类新纪元奠定了经济基础。

殖民活动的目的、作用对不同的国家、在不同的历史时期是不尽相同的。对于早期的葡萄牙、西班牙殖民者而言,殖民活动的主旨在于从殖民地掠夺财富,而在重商主义盛行的时代,财富的核心就是贵金属。为了获取这些财富,殖民者主要采用了以下途径:第一,利用武力强取豪夺殖民地土著的贵金属,为此西班牙殖民者消灭、掠夺了多个美洲大陆的古国;第二,强制土著和从非洲大陆买来的黑奴开采矿产,利用来自欧洲的先进技术大量开发美洲大陆的贵金属矿藏;第三,利用土著和黑奴扩大庄园种植经济,获取大量的农作物和经济作物;第四,垄断商路,主要是在亚洲印度洋、太平洋方向上建立以从事商贸为主的殖民地,通过垄断东西方贸易获取高额利润。西班牙殖民者主要采取前三种方式,而葡萄牙殖民者则多采用第四种方式。之所以存在这种差异,主要是由于两者发展的方向不同,面对的殖民对象不同。西班牙的殖民地主要集中在美洲大陆,那里矿产丰富,土著的文明开化程度较低,对于殖民者的抵抗能力低下。而葡萄牙殖民的主要方向亚洲,则情况完全不同。亚洲文明发展程度普遍较高,社会高度组织化,存在着众多的地区强国,远不是葡萄牙这样一个欧洲小国可以奴役的。可以说始于15世纪、兴于16世纪的西、葡两国殖民活动是欧洲对全球殖民活动的第一阶段。

16世纪以后,欧洲一些新兴势力以西、葡两国为榜样,开始了新一轮的全球殖民活动,极大地扩张了欧洲人的殖民地。其中,荷兰、英国和法国成了继西、葡两国之后最为重要的世界性殖民大国。美洲、非洲、亚洲都成了这些欧洲国家殖民的目标。特别是工业革命的爆发,从根本上改变了殖民地存在的意义。对于此时的工业国家而言,殖民地不但成了各种工业原料的主要来源地,同时殖民地的人民也成了其工业制品的倾销对象。殖民活动不但帮助这些国家完成了启动现代工业的资本原始积累,也为这些大工业提供了充足的原材料和充足的劳动力,并为其产出的商品提供了可观的市场。对于工业生产来说,市场规模的大小,决定了分工程度的高低,决定了技术发展的速度。争夺原料与市场,成了新一代欧洲殖民者的主要动力。这种争夺与欧洲各国的社会及国家力量的变迁交织在一起,展现出近代以来极为复杂的历史图卷。

这种殖民活动持续了数百年,一直到20世纪中叶。事实上,20世纪所发生的两次世界大战都与西方国家争夺殖民地有极大关联。只是在第二次世界大战之后,这些西方国家的力量受到了极大削弱,以苏联为首的社会主义阵营所倡导的民族独立运动风起云涌,且美国对欧洲列强的殖民统治抱有敌意,才最终导致西方主导的殖民统治在全球的消解、灭亡。在第二次世界大战刚结束时,世界上的独立国家只有数十个,而今天联合国的成员国已经接近200个,其中新增的绝大多数国家是第二次世界大战后获得独立的前殖民地。即使躲过这一殖民化浪潮的国家,如中国、日本、泰国、土耳其、埃塞俄比亚等,也深受殖民活动的影响。总之,欧洲的殖民活动对近数百年来世界的影响之深刻、之广泛无与伦比,直接影响了人类历史发展的走向。即使到今天,大洋之中仍存在着一些由这些国家托管、控制的岛屿,这就是殖民活动的残迹。

宗教改革运动：天主教世界的分裂

文艺复兴运动起源于南部欧洲的亚平宁半岛,大航海时代开启于西南欧洲的伊比利亚半岛,而略晚于大航海时代的宗教改革运动则策源于欧洲的腹地德国的一个小城市威登堡,一个由神圣罗马帝国萨克森选帝侯所统治的地方。现代公认的宗教改革运动的发起人是马丁·路德(1483—1546),他在发表《九十五条论纲》之前并不是一位多么著名的人物。作为一位平民的后代,路德有幸接受了相当完整的神学教育,并成为一位神学教师。1517年,出于对教皇在德国大规模贩卖赎罪券以及对教会高层腐败的不满,路德将其对教会发行赎罪券的反对意见用拉丁文书写张贴在威登堡大学的教堂门口,此即为著名的《九十五条论纲》。

马丁·路德在沃尔姆斯大会上演讲

在很短时间内路德的《九十五条论纲》就被翻译为德语，并借助于当时已经出现的印刷技术在德语区广泛传播，得到一批教士、贵族、市民的支持。在与教会的辩论中，路德的主张也日趋尖锐、明确，其最具革命性的主张是，人人都可以通过阅读圣经而直接与上帝沟通，教皇不是圣经的最终解释人，信徒可直接与上帝相通而成为祭司，无须神父作中介，由此导致教会、教士的重要性显著下降。路德还提出教皇无权干预世俗政治，并将罗马教会称为"人间最大的巨贼和强盗"，并身体力行地对教会所主张的禁欲主义展开斗争。当1520年教会最终决定要革除路德的教籍，焚烧其著述时，路德的周围已经形成了一个具有相当规模的、与罗马教会针锋相对的集团，而路德也从开始的只是对罗马教会提出批判意见而转变为与罗马教廷决裂，主张建立新的教会组织。由于天主教教会的通缉，路德不得不消失在公众视野，藏匿于瓦尔特堡。在这一期间，路德将原文为希伯来文和希腊文的《新约》翻译成德文，并于1522年出版。之后数年中，他又完成了《旧约》的翻译。虽然他的译本并非最早的圣经德译本，但其影响最为广泛、深远，成为现代德语的典范。路德工作的本意也许只是为了德国的民众能够通过阅读德文的圣经而实现与上帝沟通的目的，但是统一而规范的语言、文字对于一个民族的重要性如何强调都不会过分，没有这种规范的通用语言和文字，根本就无法想象到19世纪德意志民族能够统一成为一个国家。以路德的工作为先声，圣经被翻译成为各种民族语言文字，使得普通民众都具备了通过直接阅读圣经而了解基督教教义的能力，由此罗马教会的影响力大打折扣，为民众的精神解放开辟了新途径。

路德的主张并非一以贯之，而是在不同的历史时期有所不同。但是，当由路德的《九十五条论纲》所触发的宗教改革运动兴起之后，这一运动的规模、走向就脱离了路德的把握，最终成为一场足以改变欧洲社会的广泛而深刻的思想运动、社会运动和政治运动，反映出这一时期的西部欧洲社会内部已经积累起了强大的推动社会变革之力量,而路德的《九十五条论纲》正好以纯洁信仰的名义代表了这一股强大的力量,形成了基督教新教。

在路德拒绝了罗马教皇利奥十世(1475—1523)要求其放弃主张后,1521年,神圣罗马帝国皇帝查理五世(1500—1558)颁布《沃尔姆斯敕令》,判路德为异端,使得双方的对立进一步升级,最终导致天主教与新教两派兵戎相见。为抵抗教皇和帝国的镇压,德国北部、中部、南部信奉新教的诸侯组成施马加登联盟,而信奉天主教的诸侯则结成纽伦堡联盟。1552年,路德派诸侯在法国支持下,打败了查理五世,尽管此时的法国是一个天主教国家。1555年,精疲力竭的双方缔结了《奥格斯堡和约》。这一和约虽并没有真正保障宗教信仰自由,却确认了诸侯有宗教信仰自由,而领地内臣民们的宗教信仰需由其领主确定,即"教随王定"。和约首次在法律上正式承认了路德宗的地位,使得其势力随后得到进一步发展。但是,因为此合约只承认路德宗的地位,忽视了其他新教教派的权益,所以它又为日后的纷争埋下了导火线,成了引发17世纪欧洲长达30年的宗教战争之根源。

略晚于路德,苏黎世大教堂神父茨温利(1484—1531)于1522年前后在瑞士的苏黎世开始了其宗教改革。茨温利本人深受文艺复兴时期所产生的人文主义之影响,其神学观点也多与路德相近而与罗马教廷相异。茨温利的改革很快越过苏黎世的领土范围而扩散到瑞士多个城市。1528年,瑞士多个城邦加入改革派的"基督教公民联盟",直接触犯了天主教教会的利益。1531年,在同天主教城邦的战争中,茨温利本人战死。

16世纪初叶,瑞士的另一个城市日内瓦也是宗教改革的重镇。1541年,宗教改革派掌握了日内瓦的政权,并把在1536年因发表《基督教原理》而闻名的宗教改革家法国人加尔文(1509—1564)请到日内瓦。此后，加尔文就一直居住在日内瓦直至去世。加尔文治理当地教会长达23年，使之成为新教加尔文教派的中心。加尔文主张"先定论"，认为人得救与否完全是神所预定的，但他又不赞同宿命论，认为虔诚的信仰与完美的德行是每一位基督徒的义务，教徒们应该通过在世间努力工作以彰显上帝的荣耀。加尔文的教义受到许多工商业者欢迎，他们成为新教主流。通过在日内瓦创办学校，培训新教的传教士，加尔文将其教义传播到了英、法、尼德兰（荷兰）等欧洲许多地方，对欧洲宗教改革运动的展开产生了重大影响。

16世纪初期，英国国王亨利八世（1491—1547）与罗马教会以及西班牙王室之间产生了矛盾。1534年，为实现与其王后、西班牙公主凯瑟琳（1485—1536）离婚，英国议会在亨利八世的指使下通过了《至尊法案》，宣布英国国王为英国教会的最高首脑，拥有神职人员任免权，以及教义解释权。亨利八世关闭了许多修道院，没收了大量教会财产，把教会的大部分土地赏给亲信，或廉价出售给官吏、商人、小地主和农业资产阶级，并由此获得了国内的众多支持者。经此改革，英国教会完全脱离了教皇的控制，但天主教的主要教义、主教制和宗教仪式仍然保留着。改革后的英国国教成为有别于罗马天主教教会的圣公会。与路德和茨温利等人出于对教义认知的不同而发起的宗教改革不同，亨利八世的宗教改革更多的是出于维护英国的国家利益，当然也包括维护国王本人的利益，其改革的政治色彩更为鲜明。随着亨利八世的宗教改革不断推进，其后几任的英国国王手中的权力不断加强，而传统的封建领主势力被逐步削弱，英国的君王越来越显示出专制统治的色彩。16世纪后半期，加尔文教派传播到了英国。信奉这一教派的多为工商业者和新贵族，他们要求按照加尔文教的主张"纯洁"国教会：清除国教中的天主教旧制和烦琐仪式，如废除主教制和圣像崇拜，减少宗教节日等；只承认圣经是信仰的唯一权威，强调所有信徒在上帝面前一律平等；摆脱王权对教会的控制；提倡"勤俭清洁"的生活；等等。由于这些主张，这一教派得名"清教徒"。清教徒是17世纪英国内战的主要力量，同时也是建立英属北美殖民地的主力。清教徒的思想对之后现代社会的产生、发展产生了重大影响。

在瑞士发扬光大的新教加尔文宗也很自然地在16世纪中叶传入了邻国——法国。作为加尔文的母国，新教在法国很快就得到了相当广泛的传播，成为可以与传统天主教势力抗衡的一支力量。此时的法国国王已经从罗马教会手里取得了任命教士、掌控教会财产的诸多权力，因此法国国王本身对扶植新教并没有兴趣。但是一些贵族对利用新教剥夺自己领地中的教会资产、压制天主教教会势力有极大兴趣，因此此时一大批法国贵族成为新教教徒。在法国，加尔文宗又被称为胡格诺教。到了16世纪60年代，约1800万的法国人口中已经有100万—200万的胡格诺教徒了，他们在法国南部已形成了可观的势力。于是，1562—1594年，法国在信奉天主教和信奉胡格诺教的两大宗派之间爆发了8次宗教战争，直至当时新任法国国王的亨利四世（1553—1610）击败天主教势力军队，并放弃自己原本的胡格诺教信仰，在1593年7月25日于圣德尼大教堂改信天主教，才结束了这场超过30年、死亡人数约达300万的内战。1598年，亨利四世颁布《南特敕令》，主张宗教宽容，宣布天主教为国教，而胡格诺教徒在法国全境有信仰新教的自由，在担任公职方面享有同天主教徒同等的权利。当然，《南特敕令》并没有长期有效，在亨利四世过世之后又有所反复，此为后话。总之，这场宗教战争的结果导致法国境内的封建贵族势力衰退，王权伸张，为后日亨利四世的孙子、法国国王路易十四（1643—1715）的进一步集权专制统治开辟了道路。

1555年，《奥格斯堡和约》对神圣罗马帝国中的宗教冲突按下了暂停键，但是罗马天主教与新教之间的矛盾，特别是其背后所掩盖着的世俗利益矛盾并没有得到解决。随着时间的推移，这种矛盾甚至更为激烈。1608年，德意志新教诸侯结成"新教同盟"；1609年，天主教诸侯成立了"天主教联盟"。双方剑拔弩张，最终在1618年导致了帝国内部的武装冲突，之后战争的规模、范围、参与者不断变化、升级，成为17世纪欧洲范围内的"世界大战"。不但帝国中的诸侯被卷入战争，就是一些邻国，如西班牙、英国、丹麦、瑞典、荷兰等，甚至域外国家如奥斯曼帝国和沙俄帝国，也都直接或间接参与了这一场战争。

这场战争经过了4个阶段，持续了30年，最终于1648年以法瑞联军击败神圣罗马帝国军队，双方都无力再战且签订了著名的《威斯特发里亚和约》而告终。这长达30年的战争导致800万死亡，其中主要的遇难者是平民，作为主战场的德意志地区有些地方的死亡人数比例高达总人口数的三分之二，对神圣罗马帝国原有的社会结构造成了毁灭性的打击。尽管这场战争号称是基督教中两个不同教派之间的战争，但战争双方的宗教信仰并非开战的主要原因。例如，天主教国家法国就从来没有站在罗马教会和维护天主教的神圣罗马帝国一边，而是先出钱支持新教势力，在看到德意志诸侯的新教势力完全不敌神圣罗马帝国势力时，就干脆直接下场，与支持罗马教皇的天主教势力开战。因此，这场战争是一场披上了宗教的外衣，以信仰名义而争夺领地、城市和其他财富的战争，是一场高度世俗化的战争。战争结果最终彻底打破了罗马教廷"政教合一"的传统，宗教因素实际上已从各个邦国的政治生活中剥离出去了，诸侯们行事的准则更多的是利害的计算而非教义的正误。战后帝国中的各个邦国在不同程度上都得到了更大的自主权，诸侯们更为明显地成为各个邦国的实际统治者，而不再简单是帝国皇帝的封臣，天主教教皇与神圣罗马帝国皇帝的皇权被严重削弱，作为神圣罗马帝国皇族的哈布斯堡家族在欧洲重建天主教统治乃至建立大一统帝国的企图彻底破灭，神圣罗马帝国从此名存实亡。

这场战争在欧洲历史上留下了极为深刻的印记：荷兰与瑞士的独立得到了保证；此前的欧洲一等强国西班牙由于战争的失利而彻底失去了对尼德兰（荷兰）的统治，并在日后与法国的战争中进一步失利而丧失了欧洲霸主的地位；法国在老练的实用主义政治家、枢机主教黎塞留（1585—1642）首相的操纵下，在这次战争中纵横捭阖，通过外交和军事手段为自己谋得了巨大利益，领土得到扩张，彻底粉碎了神圣罗马帝国的统一企图，使之永远处于分裂状态，挫败了西班牙势力的北向扩张，给予哈布斯堡家族重大打击，进一步提升了法国在欧洲的地位；瑞典王国则在战争中取得了波罗的海沿岸的大片土地，成为德意志的诸侯，获取了插手神圣罗马帝国内部事务的权力，由此一跃成为北欧强国。战后所签订的《威斯特发里亚和约》是以外交会议订立和约的首例，和约承认了主权国家的存在，认可了反对干预别国内政的准则，明确反对国家间的侵略战争，承认了宗教信仰的有限自由，因而成为现代国家关系的重要文献。随着欧洲势力在全球的扩张，由和约所确立的原则成为日后国际法和世界秩序的中心原则。《威斯特发里亚和约》的签署标志着欧洲民族国家体系的初步确立。

如果说在文艺复兴运动中欧洲人开始拿起批判的武器，对统治西部欧洲长达近千年之久的基督教精神世界进行了思想批判的话，那么宗教改革运动则进一步开展了武器的批判，把对教廷的思想批判扩展为行动，在思想、组织、政治等方面都对传统社会进行了改革，并使得原来在封建制下生存于狭缝之中的市民阶层有了更大的生存、发展空间，极大地扩展了欧洲社会的变革之路。正是因为这一运动触及了传统政教合一的封建统治的根本利益，矛盾的双方都没有退让的余地，所以流血、战争就不可避免了。欧洲的这场宗教战争是未来更为激烈的阶级冲突的序幕。但是从另一方面看，宗教改革依然打着维护基督教的大旗，改革的方式是批判天主教教会歪曲了圣经的本意，而新教在拨乱反正,重建正确的基督教。因此,这种"托古改制"的改革自身就有极大的内在保守因素,还缺乏对旧制度进行革命的决心和勇气。

连绵不绝超过百年的宗教战争对欧洲社会的影响,绝非仅仅局限于基督教信仰的形式上,其背后所反映的是欧洲不同地域、不同民族、不同阶层在新的历史条件下为赢得自身利益而展开的争斗。在百余年的战争中,可以看到各种势力的消长、起伏,也可以看到新势力的崛起,而这种新势力所代表的是以往人类社会中从未走到历史舞台中央的全新生产、生活方式。

在封建时代的欧洲,土地属于封建领主,而这些领主只对其上级大领主负有责任,在这些领主土地上的居民都只是附庸,没有任何政治权利。于是,在中世纪的欧洲贵族试图通过婚姻、继承等形式改变其领地的地点、范围。此时的欧洲根本就没有现代意义上的国家一事,谈论"某某国家"不如谈论"某某家族"更有现实意义。一些封建领主可以在几代人的时间里完全不会说自己领地臣民的语言,上层社会与平民百姓之间完全相互隔离。对于领主们而言,领地以及领地上的臣民只是其获得财富的工具。

在西罗马帝国灭亡后的数百年间,欧洲各民族中基本没有自己的文字,教会所使用的希腊文、拉丁文是当时的通用文字。此时,西部欧洲的教育都在使用拉丁文,这种已经丧失了民间活力而只存在于文本中的语言。文艺复兴运动使少数欧洲地区产生了基于民族语言的文字,但直至宗教改革运动之后,欧洲一些民族才开始在正式场合使用基于自己民族语言的文字。可以说,宗教改革运动在欧洲推动了民族主义的兴起。在拉丁文的策源地意大利,文艺复兴运动时期的作家但丁被认为是意大利语言、文字的奠基人。他是最早使用意大利的托斯卡纳方言写作的作家,其作品《神曲》对文艺复兴及其之后的欧洲文学产生了巨大影响。恩格斯(1820—1895)这样评价但丁:"他是中世纪的最后一位诗人，同时又是新时代的最初一位诗人。"1539年，法国国王弗朗索瓦一世（1494—1547）颁布《维莱科特雷法令》，首次确立了法语在正式文件中的使用。从那时起，法语取代拉丁语成为法国法律和行政上的官方语言。乔叟（1343—1400）是第一位使用英文写作的有影响力的宫廷作家。当时宫廷语言是法语，而学术语言为拉丁语，他的作品对现代英语的形成做出了巨大贡献，为英国文学引进了许多其他文学体裁。乔叟最著名的作品《坎特伯雷故事集》深受意大利作家薄伽丘的影响，堪称文学体裁宝库，莎士比亚（1564—1616）等后来者是乔叟时代所进行的英国文学探索与创新的最大受益者。莎士比亚时代是早期现代英语的形成时期，莎士比亚的作品影响了英语语法和拼写方法的形成，其对语言的运用对现代英语的影响无人可比。操持其他语言的欧洲民族文字大致也是在这一时期先后成形的。

因此可以看出，从文艺复兴到宗教改革，欧洲社会内部发生了巨大变革，在纸张、印刷术的加持下，各民族的文化勃发，民族意识觉醒，同时以火药为基础的火炮、火枪的普遍使用直接动摇了以骑士为武力基础的封建领主制度。宗教战争也已不再简单是传统欧洲一些封建主之间争夺利益的手段，其背后隐约显现出了新社会力量的崛起。这种新力量与传统封建势力之间的关系错综复杂，彼此之间既有相互斗争的一面，又有在特定场合、特定问题上的相互合作的一面。不过，此时新旧势力之间的斗争经常以教派之争的面目出现，在教派之争的掩盖下新势力逐渐扩张。

第三章

社会变革与新制度诞生

荷兰：自由贸易之熊熊烈火

1555年，神圣罗马帝国皇帝查理五世将其领地尼德兰赐给其子、西班牙国王腓力二世（1527—1598）。领地及其附属人民的私相授受是欧洲封建社会的普遍行为。由此，尼德兰地区在法理上成为西班牙王国的一部分。而在此时的尼德兰，由于地理位置优越，临海且河道可以通达欧洲大陆内部，商业、手工业十分发达。这导致传统的封建领主势力让位于新兴城市，市民力量开始占据社会主流地位，具有了动员社会的力量。因为腓力二世坚持推行哈布斯堡家族一贯奉行的战争、重税和集权政策，以及严厉的宗教政策，压制新教，所以其与一直图谋自治的、代表新兴市民利益的尼德兰三级会议的矛盾加剧。最终在天主教和新教的宗教教派旗帜下，双方兵戎相见，各自呼朋唤友，拉帮结派。

1568—1648年，荷兰独立战争可以说打打停停、起起伏伏，后期又与欧洲的宗教战争交织在一起。战争的参与方不断变化，战争的发生地也不断变化，不但在陆地而且在海洋上也多次交锋，不但在欧洲打，同时战争的烽火燃烧到了美洲、亚洲殖民地。从体量上看，西班牙是当时欧洲最强大的帝国，在掠夺美洲财富的基础上，西班牙拥有最强大的海陆军事力量，而战争初期的联省同盟人口不过百余万，领土不过数万平方千米，因此这看似是一场完全不对等的战争。但是，后者的抵抗意志相当顽强，同时过于强大的西班牙帝国此时已经成为欧洲除哈布斯堡王朝以外各封建领主国家的共同敌人，因此联省同盟得到了各种直接、间接的援助，使得战争能够长期持续下去。此时，宗教的因素所起的作用相当有限，国家利益成了各方站队的基本出发点。战争后期，同为信奉天主教的法国公开站在新教国家一边，与同为信奉天主教的西班牙作战，就清楚地揭示了这一打着"宗教信仰"旗号的战争的性质。战争导致西属尼德兰地区彻底走向西班牙的对立面，原本较为松散联盟的西属尼德兰地区中的各个省进一步走到一起，以对抗强大的西班牙，并于1581年在原有的乌得勒支同盟基础上，建立了尼德兰联省共和国，中文俗称荷兰共和国，而荷兰实际上只是联省共和国诸省中最大的一个省。

1609年，交战双方达成并签订《十二年休战协议》，这意味着此时的西班牙帝国已经不得不承认荷兰、泽兰、乌得勒支等北方各省的政治独立。在此期间，西班牙解除了对联合省共和国与欧洲的贸易禁运，允许荷兰在西印度进行自由贸易；而联合省共和国则保证了天主教徒的宗教信仰自由。双方都秣马厉兵，抓紧时间恢复自身。在协议到期时，双方意见无法达成一致，致使战端再起。这时，新的战争就与欧洲的"三十年战争"混为一体，成为欧洲大陆宗教战争的一部分，欧洲的多个国家、许多地区都在不同程度上地卷入了这场战争。战争导致欧洲人口锐减，经济凋零，但也极大地提升了欧洲各国军事作战、军事技术、军事装备的水平，成为之后数百年欧洲利用其军事优势在全球殖民、扩张的一次预演。战争的结果是1648年欧洲多个国家最终签署了《威斯特发里亚和约》，正式宣布这场席卷欧洲大部分地区的宗教战争的结束。在和约中，站在罗马天主教一边的哈布斯堡家族承认加尔文宗在神圣罗马帝国境内的合法宗教地位；承认天主教、路德宗和加尔文宗为官方允许宗教,新教徒和天主教徒享有平等的法律地位;承认帝国境内各诸侯国拥有自行确定官方宗教的权利;正式承认荷兰、瑞士为独立国家;等等。这一和约被认为是基于主权概念的现代国际体系的开端,是产生民族国家的端倪。战争的结果显示了西班牙帝国的衰退,而一个新兴的国家——荷兰,成了欧洲乃至当时世界上的强大势力,尽管此时的荷兰人口不超过200万。

与参与此次宗教战争的大多数主体(即传统封建制的欧洲国家和领主)不同,驱动荷兰人走向战场与宗主国西班牙兵戎相见的目的不再是争夺土地、人口这类传统资源,而是为了获取低税率、贸易自由及产业发展机会。他们举着宗教信仰自由旗帜,有着与传统封建领主们完全不同的经济背景,代表着文艺复兴运动以来在欧洲不断成长壮大起来的新势力,即工业、商业与金融资本的势力。作为荷兰共和国领导力量的寡头们,其代表的利益集团不再是封建领主,而是资本的力量。通过工业、商业和金融业,从欧洲乃至世界攫取更大的利润,实现资本的增值已成为这一共和国政府的首要目标。在掌握了政治权力后,新生的荷兰资产阶级完成了多项对此后世界有巨大影响的制度创新。

1602年,荷兰创建了人类历史上第一家股份可流通的有限公司——荷兰东印度公司(荷兰语: Vereenigde Oostindische Compagnie,简称VOC)。这家公司由14家以东方贸易为主的公司合并而成,荷兰政府为之"背书",并持有股份。荷兰政府授权给东印度公司持有与外国签订条约、铸造货币、建立殖民地、组织雇佣军、对外开战等一系列特权,使得该公司实际上成为一个不受约束的国中之国,成为一个为了商业利益,不择手段、为所欲为、不惜践踏法律的巨型组织。该公司实际上由17人组成的董事会运营,通过向社会招股,分散了风险,募集了巨额资金,并成功地利用从东方攫取的巨额财富,惠及了所有的股东,由此获得了荷兰国民的高度支持,形成了一个正反馈系统。在这种全新的公司组织体制下,荷兰东印度公司得到了长足的发展,通过各种手段极大地打击和削弱了西班牙、葡萄牙等老牌殖民者在东方的势力,几乎垄断了对东方的贸易,并不断在海外开拓殖民地,为荷兰的发展提供了巨额财富,成为荷兰最终在对西班牙的战争中获胜的经济基础。

在VOC成立之初,按照当时的惯例,所筹集的资金类似于今天的封闭基金,是有年限的,期限为10年。由于公司的巨大成功,股东们有了长期将之运营的期望。1609年,阿姆斯特丹诞生了世界上第一个证券交易所,为买卖VOC的股票提供了制度化的场所,解决了股东们资金的流动问题。同时,这一举措也为人们提供了一种全新的财富增值手段,对此后世界经济发展的影响巨大而又深远。

阿姆斯特丹证券交易所

在阿姆斯特丹证券交易所建立的同年,荷兰议会决定成立阿姆斯特丹银行,以规范当时十分混乱的货币市场。在17世纪,各国交易的媒介是基于贵金属的货币。但是这些货币的种类、材质、重量差异甚大,导致商人们在交易时必须花费相当的精力来解决各种货币间的兑换问题,由此使得交易成本提升。阿姆斯特丹银行的建立有效地解决了这一问题，极大地方便了来自欧洲各地商人们的交易过程，提升了荷兰在欧洲商业领域的地位。

在多种商业模式、社会组织模式创新的基础上，面积有限、人口不多的荷兰在建国后不久的时间里就迅速强大了起来，成功地抵抗了来自西班牙的陆上与海上的多次入侵，最终获得了西班牙的承认，成为一个独立国家。这也是世界上第一个由资产阶级掌握政府权力的国家。独立后的荷兰最初的发展极为迅猛，在17世纪中叶荷兰的造船技术雄冠欧洲，其船只的造价只有竞争对手的60%，欧洲船只数量的约四分之三属于荷兰，它控制了欧洲海上贸易，成为名副其实的海上马车夫，且不惜动用武力维护荷兰的海上和殖民地利益。与此同时，荷兰的毛纺、染织、饲养等产业也高度发达，阿姆斯特丹更成了这一时期欧洲的金融中心。17世纪新生资产阶级甫一亮相，就技惊四座，把当时欧洲的老大封建帝国西班牙赶下了霸主宝座，成就了荷兰称霸的世纪。

英国：君主制国家转型的范本

1547年英国国王亨利八世去世之后，其不满10岁的幼子爱德华六世（1537—1553）继位，但仅6年后体弱多病的年轻国王就去世了。1553年，王位落入了亨利八世与凯瑟琳王后之女玛丽一世（玛丽·都铎，1516—1558）之手。作为虔诚的天主教信徒，玛丽一世甫一登基，就彻底颠覆之前都铎王朝君主所推动、建立的新教的局面，在英格兰复辟了罗马天主教。作为女王，玛丽一世拒绝承认其父亲亨利八世与罗马教廷的分裂，以及她弟弟爱德华六世所信奉的新教，并对新教徒进行了血腥镇压，激化了与英国新教贵族利益集团之间的关系。然而玛丽一世在位时间仅有短短5年，在其去世后亨利八世的次女、新教徒伊丽莎白（1533—1603）继位，成为伊丽莎白一世。

伊丽莎白一世即位之初，英格兰内部因宗教问题而处于分裂状态，为了巩固统治，缓和国内外的压力，稳定政治基础，女王采取了天主教和新教兼容的宽容政策。1559年，她通过议会再次通过《至尊法案》，建立一个新教的英格兰国教会，并成为该教会的最高领袖。在伊丽莎白一世执政期间，英格兰的工商业显著发展，在欧洲成为一股主要的经济力量。在文化领域，女王实行开明、宽容的政策，推动文艺复兴运动在英国达到鼎盛，人文主义得到广泛传播，产生了诸如莎士比亚这样的文化巨擘，对此后的英语世界产生了持久而深远的影响。在伊丽莎白一世的支持下，英国海盗被收编为皇家海军，由国家向海盗发放私掠证，在西班牙的美洲大陆近海到处私掠西班牙船队，政府从中分赃。这样既打击了自己的对手，又增强了自己的实力。

1570年，罗马教皇庇护五世（1504—1572）为支持信奉罗马天主教且在法理上具有英格兰王位继承权的苏格兰女王玛丽一世（玛丽·斯图亚特，1542—1587），反对英格兰伊丽莎白一世，颁布了《逐出令》，否认伊丽莎白一世统治的合法性，煽动其臣民造反，并导致了此后所发生的几次谋刺事件，激化了英格兰与天主教世界的矛盾。1587年，伊丽莎白一世以叛国罪将玛丽·斯图亚特处死［此时她早已被迫将苏格兰王位传给了其子詹姆士六世（1566—1625）］，并于1588年与西班牙开战，爆发了著名的格瑞福兰海战。战争结果出乎人们意料，英国舰队在荷兰舰队的协助下以弱胜强，击败了西班牙的无敌舰队。最终参战的130余艘西班牙舰船只有43艘得以返航，而损失的舰船中只有少数是被英国舰队击沉、俘获，大部分是因天气原因而葬身大西洋。这一战争结果对于西班牙帝国是一个沉重打击。实际上此时正值荷兰独立战争期间，在西班牙强大势力压迫下的荷兰政府也曾多次向英国求助，而伊丽莎白女王为避免与西班牙冲突拒绝了荷兰的请求，此前也只是象征性地给予了一些援助，派去了数百人组成的军队。从某种意义上看，格瑞福兰海战的胜利，也为荷兰的独立战争提供了支持。

1603年伊丽莎白一世去世。女王终身未婚，没有子女，导致都铎家族绝嗣。按照英国的王位继承法，信奉新教的苏格兰国王詹姆士六世继位，成为英格兰国王詹姆士一世。英国进入斯图亚特王朝时期。此时的英格兰和苏格兰有着共同的国王，但依然是两个完全独立的国家。詹姆士一世信奉"君权神授"的理念，致力于加强王权，为此与议会多次发生矛盾，幸而此君善于审时度势，知道妥协，因而王权与议会之间的矛盾没有发展到不可收拾的地步，但无法否认的是在其当政期间王室与清教徒之间的矛盾日益凸显。在詹姆士一世的支持下，英国第一次翻译出版了英文版的圣经，使英文作为一种成熟的文字而得到普及。这对民族意识觉醒的作用不可低估，要知道在当时法语才是英格兰上层社会的通用语言，而英语则被认为是一种粗俗的语言。此时发生的另一件重大事件就是，英国对北美的殖民进程取得了重大进展。尽管北美殖民地在当时看来就是一些鸡肋，据估算1625年北美殖民地的殖民总数据还未超过2000人，但其后续的发展出乎世人意料。在詹姆士一世当政时期，英国也曾尝试缓和与西班牙之间的关系，太子查理·斯图亚特曾试图迎娶西班牙公主为妻，但西班牙方面提出了要求太子改信天主教等一系列条件，最终导致双方关系破裂。虽然詹姆士一世并没有解决王国内部的种种矛盾，但实现了维持国内超过20年的平稳期，同时也没有对外参与大规模战争，这对英国的发展颇为有利。

1625年詹姆士一世去世，太子查理继位，是为查理一世（1600—1649）。事实上，在詹姆士一世生命的最后两年中，太子查理就已经开始参政并掌握权力了。在查理一世时代，英国国内引发了剧烈的政治动荡，最终导致内战爆发，英国资产阶级大步走上了舞台，成了主角，而查理一世本人成为英国历史上唯一被公开处死的国王，欧洲史上第一个被公开处死的君主。1625年就在其父去世的当年，查理一世在众多臣民怀疑的目光中与信奉天主教的法国公主亨利埃塔·玛丽亚

(1609—1669)结婚。为了报复西班牙王室对其求婚时的苛刻,查理一世在执政之初就开始策划对西班牙的战争。为了筹集战争经费,他与议会产生了矛盾。因此,1629年国王利用特权解散议会,致使在此后11年间再未召开过议会。而这一时期则被称为"十一年暴政期"。在没有议会支持的情况下查理一世巧借名目,恢复了历史上存在过但又停征多年的多种税目,为战争筹款。然而战争的进展并不顺利,对西班牙的战争多次失利,深度参与欧洲大陆的宗教战争而又没有获利,更进一步加剧了国内臣民对其执政的反感,乃至反对。在内政上,查理一世也败招迭出,在爱尔兰、苏格兰问题上挑动教派纷争,使矛盾激化。1637年,查理一世强制苏格兰教会使用英格兰国教仪式,而遭到信奉加尔文教派的苏格兰长老会的激烈抵抗。1639年,查理一世出兵征伐苏格兰,兵败,被迫签订和约,承认苏格兰的自主权,此乃第一次主教战争。次年4月,为再次出兵苏格兰募集军费,查理一世召开了多年未举行的议会,但议会拒绝了国王的要求,因此被再次解散,史称"短期议会"。在争取议会支持不果的情况下,查理一世再次纠集一支军队出征苏格兰,并再次为苏格兰所败,此乃第二次主教战争。苏格兰军队乘胜攻入英格兰本土,不得已的查理一世再次与苏格兰签约,其中涉及赔款事项。由于此条约需要议会批准,1640年11月查理一世被迫再次召开议会,意图筹款履约。这次议会存在了13年之久,直至1653年解散,史称"长期议会"。对于查理一世即位多年来的倒行逆施,议会早已按捺不住,于是对国王提出了多项要求,包括处决多位国王宠臣、限制国王行为、保障议会权利等。经过一些妥协后,查理一世处死了一位宠臣,以平息众怒。但是,到了1641年11月,议会通过《大抗议书》历数查理一世的暴行,要求国王保证工商业自由,政府对议会负责等。查理一世认为不能再退却,不仅拒绝批准《大抗议书》,还宣布多位反对派领袖为"叛逆"。至此,国王与议会间的矛盾已不可调和,内战已不可避免。

1642年8月，双方开战。国王背后是封建土地贵族、英国教会和天主教力量，而议会背后是新贵族、资产阶级和清教徒。在保王军与议会军接战之初，保王军颇有优势，接连取胜。但是随着战争的进行，议会军中的克伦威尔（1599—1658）逐步崛起，并在议会的支持下，于1645年领导组建了"新模范军"，一改此时传统的雇佣兵制。克伦威尔实行募兵制，招募笃信清教的中下层农民为士兵，任命一些下层社会出身的人担任中下层指挥官，保证了军队的纯洁性。这支编制完备、指挥统一的正规军是英国历史上第一支专业陆军部队，克伦威尔出任这支部队的副总司令、骑兵司令，成为当时唯一一位在军队和议会中同时任职的人。依靠这支部队，1646年议会军最终击败保王军，取得了第一次内战的胜利，查理一世成为阶下囚。但此时议会内部产生分裂，掌握议会权力的长老派倾向于与国王妥协，解散军队，而克伦威尔所代表的独立派则主张废除君主制，建立共和国。在议会内部分裂的情况下，1647年查理一世出逃，并与苏格兰缔结密约，组织军队，1648年初内战再次爆发。但是很快保王军再次被议会军击败，而且支持保王军的苏格兰军队也被议会军击败。查理一世再次落入议会手中。1648年12月1日，加尔文教派掌握的下议院以129票赞成，83票反对，通过了议会提出的关于改造查理一世政府的议案，根据这一议案，尽管查理一世的权力范围受到了很大的限制，但国王可以复位。这显然不是掌握着军队的独立派等激进派所能够接受的。同年12月6日，新模范军发动政变，封锁议会，对下议院议员进行甄别。在总共400余名的下议员中，仅有不到200人被允许进入议会，其他人被驱离议会，形成了所谓的"残阙议会"。1649年1月20日，在上议院的反对声中，查理一世被59名充当法官的下议院议员判决有背叛国家、背叛人民等罪行，并宣布处以死刑。1649年1月30日，查理一世被处死。此后，下议院宣布自己为人民的代表、权力的来源，英国进入共和国时代。之后克伦威尔又连续发动对爱

英国内战期间,查理一世被囚禁

尔兰、苏格兰的战争,并大获全胜。1651年,英国议会通过了《航海条例》,动用国家机器保护本国工商业资产阶级利益,垄断海上贸易通道,打击竞争对手。此后这一条例几经修改,成为英国击败荷兰、称霸欧洲的重要法律举措。1653年12月,克伦威尔在军队的支持下就任英格兰、苏格兰及爱尔兰护国主,建立了护国体制,成为事实上的军事独裁者。至此,代表着英国资产阶级利益的清教徒全面掌握了国家政权。

英国内战的历史影响极为深远。虽然内战始于1641年,到1649年查理一世被审判处死,不过8年;但内战的种子早在英国教会独立、加尔文教派传入而导致清教徒出现及新生资产阶级兴起时就已埋下,是长期社会内部矛盾积累的一次大爆发。在战争期间,英国国内的各种势力在不同情况下相互妥协、相互利用,时而大打出手、兵戎相见,上演了一出出人间大戏,根本地改变了英国内部的势力分布,为英国在18

世纪登上世界舞台争霸全球奠定了基础。

1658年，克伦威尔去世，其子理查·克伦威尔继承护国公一职仅数个月就因无法控制军队而被迫辞职。当英国出现再次陷入内战的可能性后，议会不得不将流亡在外的查理一世之子查理二世（1630—1685）请回国，并于1660年复辟了斯图加特王朝，终结了护国体制。但共和国是在资产阶级利用武力战胜封建保王势力的基础上出现的，这一事实恐怕无人可以否认，毕竟查理一世的尸首在时时刻刻警示着人们。所以，克伦威尔当政期间所制定与执行的多项法律、政策在王政复辟之后，依然得以持续，已经成长、壮大的资产阶级力量再也不能被后继的统治者所忽视，其各种权利也得到了后继者的认可。王朝的复辟，并不等价于封建势力的复辟。更进一步地说，如果没有这次大规模的内战和流血，很难设想到了1688年能够实现不流血的光荣革命，王室会不做激烈反抗就交出了国家的统治权力，实现君主立宪。光荣革命之所以可以不流血，正是因为这次内战已经流够了鲜血，特别是封建领主们的鲜血。换句话说，没有查理一世及其支持者的鲜血浇灌，就没有所谓的"光荣革命"之花，更不可能有称雄四海的"日不落帝国"之果。把英国资产阶级革命成功仅仅归之于1688年的光荣革命而闭口不谈克伦威尔麾下新模范军的铁与血，是对英国资产阶级革命历史的阉割。

查理二世的少年时代是英国内战时期，在王朝被推翻的年代里，查理二世被迫出走，在欧洲大陆寻求庇护和支持，但并没有得到其在欧洲的亲戚、君主们的响应，反而颠沛流离，吃了不少苦。1660年，查理二世在多佛登陆，回到伦敦。在与议会达成妥协后，查理二世在当政期间较好地处理了与议会之间的关系，尽管他一向同情天主教，但在其执政后依然保持了英国公教的信仰，由此为国内的政治稳定提供了保证，直至1685年临终前他在病床上皈依了天主教。查理二世当政期间发动了多次对荷兰战争，支持英国东印度公司和哈得孙湾公司在印度、北美的殖民与商业活动；在国内他大力赞助艺术和科学活动，创立了格林尼治皇家天文台，支持成立了皇家科学会，促成了英国的科学革命。在查理二世去世的时候，英国王室的声望颇佳，但宗教信仰问题依然是深埋在英国社会中的炸弹。

查理二世一生纵情声色，信奉享乐主义，与多位各国情妇生育了众多的私生子，但与其王后没有子嗣。因此在其王位继承权一事上，英国国内产生了巨大分歧。作为第一顺位继承人，查理二世之同母弟弟詹姆士因于17世纪60年代末转信天主教而受到国内一批国教徒的猜忌，这些人试图剥夺詹姆士的继承权，而国王查理二世则坚决捍卫詹姆士的权利。为此，议会发生分裂，形成了支持国王这一主张的保皇派托利党和反对派辉格党。这就是英国以及西方议会中政党政治的开端，前者日后演化为英国保守党，后者演化为自由党。老练的国王利用各种手段打击反对派，于1681年解散议会，辉格党主要领袖被迫逃离国外，英国形成了新的君主专制。1685年，当查理二世去世后，其弟詹姆士如愿以偿地继承了英国王位，成为英王詹姆士二世（1633—1701）。

尽管詹姆士二世曾经作为海军将领领军作战，展现出了优秀的领导品质，但是当他成为唯我独尊的专制国王时，很快地就暴露出诸多问题。继位之初，詹姆士二世重新召开了以托利党人为主的议会，获得了议会的强力支持，得到了议会批准的高额终身收入，专制君主制似乎得到了更进一步的强化。但随后詹姆士二世执意利用其特权废除一些英国的法律，意图实现"宗教平等"，而此时的"宗教平等"则意味着天主教势力卷土重来。为此，他排除阻力，在1687年解散议会，并于1687年和1688年先后两次发布信教自由宣言，与此同时他在行动上开始大力重用天主教信徒，开辟了天主教徒进入枢密院，能够成为陆、海军军官，甚至能选任牛津大学各学院职务的途径，使之占据英国一些重要公职成为可能。为了与罗马教廷和解，他在伦敦接见罗马教皇的代表，而这是继英王玛丽一世就任之后100余年的第一次会见，对其信奉英国国教的支持者产生了巨大冲击。詹姆士二世的所作所为导致其迅速失去了本来支持他的同盟者，迫使托利党和辉格党以及英国国教会走到了一起，共同策划、实施了推翻詹姆士二世的统治的计划。一位国王能够在即位的短短3年间就把当年的合作伙伴、坚定的支持者全面推向自己的对立面，也是一个历史奇观了。

1688年，在辉格党、托利党和英国国教会的7位代表的邀请下，詹姆士二世的女婿、荷兰省督奥兰治亲王、新教徒威廉（1650—1702）起兵跨越海峡，入侵英格兰。虽然此时詹姆士二世麾下军队数量超过威廉的军队，但詹姆士二世不复当年统帅英军与荷兰作战时的英明与勇敢，昏招迭出，导致英军中信奉新教的军官背叛，士气快速瓦解，军队不战而溃。詹姆士二世提前将妻儿秘密送往国外，自己则试图寻机逃亡出国，但运气不佳，在途中被认出而被捕。威廉不愿接手这个烫手山芋，故意让他成功逃脱至法国，在法国国王路易十四（1638—1715）的支持下从事复国活动多年，最终于1701年病死于国外。

1689年2月，英国议会在没有国王的情况下召开了惯例议会，申明当詹姆士逃离伦敦时就已经自动放弃王位，因此王位空缺。会议决定有条件地立詹姆士的女儿、新教徒玛丽（1662—1694）与她的丈夫奥兰治亲王威廉共同统治英国。议会的具体条件是，威廉夫妻必须接受议会通过的《权利法案》（全称《国民权利与自由和王位继承宣言》）。该法案的主要内容是：国王未经议会同意不得颁布或废除法律，不能征收赋税，不得招募与维持常备军等14条条款。威廉夫妇接受了这一条件，1689年2月，两人登基成为英国国王玛丽二世和威廉三世。从此，英国开启了人类历史上君主立宪新时代，经过一系列演变，议会不仅是国家的最高立法机关，还是最高国家权力机关，由议会选举产生的政府，是真正的国家权力中心。在这一体系中，君主权力不再是由"上帝"委托,来自神界,而是由法律界定,君主是象征性的国家元首,其职责多是礼仪性的。在英国,君主的专制统治从此终结。

在威廉登陆英格兰、进军伦敦、夺取政权的过程中并没有发生战斗,没有人流血、牺牲,因此这次革命被称为不流血的光荣革命。实际上,这次革命之所以没有流血,与詹姆士二世的举措有极大关系。此时距离英国内战结束不过40余年,距离共和制消亡、王制复辟才20余年。詹姆士二世本人在幼年、少年时期是内战的亲历者,甚至还曾直接参加过战斗。在威廉率军登陆后,詹姆士二世表现得很仓皇,这与他恐惧"革命"有极大的关联。毕竟其父查理一世就是被议会军所拘捕,并由议会议员们所组成的法庭判决处死的。就连其支持者,对内战的恐惧也是不可忽视的。事实上,尽管在夺取政权的过程中并没有流血,但是为了稳固其王位,威廉三世在登基之后马上开始对信奉天主教、继续支持詹姆士二世的北苏格兰及南爱尔兰地区用兵,残酷镇压了这些反抗势力。

光荣革命开辟了人类历史的新篇章,尽管它并非人类历史上第一个新生资产阶级所掌握的政权。从某种意义上讲,光荣革命更像是新生资产阶级与传统封建领主阶级之间的一次妥协,一次全面的妥协。光荣革命后的英国在形式上依然保留了传统的贵族阶级,贵族可以世袭地成为贵族院(今日的上议院)的议员,有议政权。光荣革命后初期下议院的议员们也基本出自上层社会、有产阶级的家庭,毕业于牛津大学或剑桥大学,由这些议员所组成的早期政府既有代表新兴势力的一面,也有对传统保持、妥协的一面。光荣革命并没有导致英国出现传统的社会形态断裂,在几十年中,英国似乎从一个传统的封建领主主导的社会,平稳地过渡到了一个由资本掌控且以资本增值为主要目标的国家。在这期间,封建领主们完成了自身改造,相当多的人从庄园主转变为企业经营者,成为新生资产阶级的成员。在君主立宪制下,英国成为当时世界上最为自由的国家，充满了活力和创造力，社会动员能力得到极大加强，其在全球的殖民活动也得到极大扩张，为此后的工业革命奠定了基础。

  英国的这一模式成了世界上许多君主制国家转型的范本。到今天，全球有超过30个国家采用了这一模式，保留了作为国家象征的君主，并用法律规范了君主与议会之间的关系，给君权划定了明确的限界。但是这些国家并非都真正实现了从传统社会到现代社会的转型。可以说，君主立宪为社会的转型提供了可能性，但其既非这一转型的必要条件，也非充分条件，而只是转型中多种可能方式中的一种而已。英国之所以转型为一个资产社会，并最终走向现代社会，其过程必须是通过英国宗教改革、国内战争、护国体制建立、查理二世复辟、光荣革命一系列历史事件构建成的。只有在这一系列历史事件的基础上，英国内部各种势力的演化才形成了特定的对比关系，这些势力才可能在妥协的基础上完成"光荣革命"，使英国在政治架构形态变化不大的情形下，实现了政治权力在不同政治集团手中的交接，建立起了稳定的政权。如果没有完成这种内在的经济势力、政治势力的此消彼长，仅仅在法律条文上限制王权，形成君主立宪制，并不能保证实现社会转型。

第四章

用理性诠释世界

启蒙运动：审视、批判与自由

启蒙运动是继文艺复兴、宗教改革运动之后发生在欧洲的又一次思想解放运动，其展现的现代性也要显著强于后两者。在这一运动中所提出、阐述的思想，在很大程度上是当时欧洲数百年来的社会变迁、社会实践之理论思索和总结。启蒙运动的起点众说纷纭，但人们对这一运动中最著名、最有影响力的人物基本没有疑义，他们是霍布斯（1588—1679年，英国）、斯宾诺莎（1632—1677，荷兰）、洛克（1632—1704，英国）、孟德斯鸠（1689—1755，法国）、伏尔泰（1694—1778，法国）、休谟（1711—1776，英国）、卢梭（1712—1778，法国）、狄德罗（1713—1784，法国）、达朗贝尔（1717—1783，法国）、康德（1724—1804，德国）等人。从这些人物的活跃年代可以看出：启蒙运动大致兴起于17世纪中叶，于18世纪中叶进入高潮，而终止于18—19世纪之交，历时100余年；主要参与国为法国、英国、荷兰和德国（严格讲此时尚无"德国"，但康德的著作均用德文写作，现代也通常认为康德是德国学者）。可以看出启蒙运动所兴起的时代正值宗教改革运动完结，其主要发生地正是宗教改革运动的核心区域。另外，这一运动所发生的时间和地区与以牛顿为代表的科学革命所发生的时间与地点高度重合，这显然不是巧合。

自文艺复兴运动以后,大量的古希腊作品在欧洲广泛传播,使得古希腊哲学思想成为欧洲人对抗中世纪天主教思想的有力武器。在欧洲大陆以笛卡儿(1596—1650)、莱布尼茨(1646—1716)等人为代表的理性主义和在英国以培根(1561—1626)、洛克、休谟等人为代表的经验主义成为两大思想流派,前者的逻辑基础是演绎,而后者的是归纳。两者之间并非截然对立,而是强调的重点各有不同。在牛顿的力学体系中不难看到这两者的身影,既有以实验、经验归纳为基础的科学原理,又有通过逻辑演绎,用严格的数学证明的公理体系。尽管牛顿本人似乎把他的工作理解为证明了上帝的全能与完美,但世人却未见得如此解释他这一革命性的工作。牛顿的工作证明了人类的理性具有把握自然界的能力,由此不难想象,下一步的推论自然就是,人类的理性也具有把握人类社会的能力,人类社会应该按照理性来设计、运作。牛顿等一批科学家在科学领域的成功使18世纪的启蒙学者更加坚信,通过理性来认识自然界与人类社会,进而基于理性为人类推导出一个更为合理的社会并加以实现,是合理的、可行的。用理性思考问题、解决问题,成为当时欧洲知识界一批先驱者的共识,尽管这批学者在许多具体问题上的观点存在巨大差异。在长达100多年的启蒙运动中很容易看到这种张扬理性的精神。可以肯定地说,启蒙时代的理性是反抗中世纪天主教思想统治的产物,是社会发展、变革在思想与意识形态领域的体现。

启蒙运动时期的代表人物有着不同的生活背景以及不同的观点,但是这一运动最显著的标志就是对当时社会的全面反思,在张扬理性的旗号下对宗教、社会、政治、经济、教育等方方面面进行了全面的审视与批判,提出了一系列基于理性的社会建构展望。事实上,这些思考、理念和学说为西方社会的发展、变迁提供了重要指南。直至今日,在西方社会所发生的各种重大事件中,我们都可以看到启蒙思想家的影响。

在宗教领域,基督教会的正统性受到进一步质疑,产生了带有极强唯物论色彩的"自然神论",即把神非人格化,也就是把自然界本身等同于神,由此弱化教廷存在的意义,极大地提升人在认识世界中理性的作用。信仰自由、政教分离也成为启蒙运动的目标之一。在社会领域,从思考人的自然本性出发,试图在理性的基础上证明自由、平等、博爱一类反映新时代的价值观更符合社会正义。在政治领域,专制君主统治受到严厉批判,英国式的君主立宪备受推崇,而一些激进分子开始鼓吹共和体制;"君权神授"的观念被彻底批判,国家的权力被解释为源自社会契约,由人民授权;立法、司法、行政三权分立,权力间的相互制约、平衡被设计为新政治架构的基础;呼吁言论自由、出版自由、保护私有产权。这些政治观念在相当程度上是对荷兰、英国已经发生的转型给予法理上的认可。理性也在这一运动中进入经济领域,古典经济学产生于这一时期。与此前欧洲一些国家所奉行的重商主义经济政策,以牺牲农业来扶植、促进工商业发展不同,法国产生了以重视农业,将农业视为国家财富源泉的重农主义学派,而英国则在这一时期诞生了以亚当·斯密(1723—1790)为代表的古典自由主义经济学派,试图证明由市场所主宰的经济比人为控制的经济更具有合理性,高度的劳动分工、自由贸易、比较优势更能够为社会带来福利。这一学说成为日益强大的英帝国的国家经济政策的基础,也成为其后继者所尊奉的准则,至今依然富有生命力。同样出于对人性的理性思考,启蒙学者对教育也提出了全新的见解。他们认为,教育要顺从人的本性,使人更为亲近自然,进而培养理想的公民。这些教育理念在今日的西方教育制度中也得到了体现。

在启蒙运动中,法国学者的作用极为突出且影响深远,特别是以狄德罗为代表的百科全书派。他们在专制王权的压制下,甚至在流放国外和牢狱之灾的打击下，从1751年到1772年，历经20年坚持出版了28卷本的《百科全书，科学、艺术和工艺详解字典》。在这一百科全书中，这些学者以自由、平等为理想，高举"理性"旗帜，以无神论为武器，对专制君主制、封建伦理道德及作为其精神支柱的宗教神学，进行了严厉的批判和彻底的否定。通过介绍各类知识，百科全书广泛地传播了科学，张扬了理性，成为宣传新思想、新理念的重要途径，影响了整个法国社会，为此后的法国大革命制造了强大的舆论攻势。当笛卡儿建立其哲学学说时，还有意给上帝留有一个位置；而在法国大革命爆发后的新一代学者拉普拉斯（1749—1827）那里，当法国皇帝拿破仑（1769—1821）问及为何在其著作中没有提及上帝时，他已经有勇气直接回答说："陛下，我不需要这个假设（上帝）。"

启蒙运动起源于当时欧洲最为先进、最为发达的国家和地区，但其产生的思想却向着更为广阔的地域传播，并且它的影响并不仅限于思想界、学术界，还包括当时已经身居高位或掌握了相当权力的社会名流和政要们。如普鲁士国王弗里德里希二世（1712—1786）在1740年继承王位之前就深受法国启蒙哲学思想的熏陶。他执政后，一方面展现出一位成熟君主的作为，在其祖父、父亲所奠定的普鲁士王国基础上大肆扩张，使当时实力比较弱小的普鲁士迅速强大起来，成为欧洲强国之一，由此他被称为"腓特烈大帝"；另一方面，对内政进行了多方面的改良，实行了农业改革、军事改革、教育改革、司法改革，废除了刑讯制度，在信仰领域实行宽容开放政策，鼓励宗教信仰自由，并一手建立了普鲁士廉洁高效的公务员制度，而其本人则自称"国家第一公仆"。显然，弗里德里希二世的这些改良行为与启蒙运动的种种思想有着密切关联。又如，俄国历史上最为重要的女皇叶卡捷琳娜二世（1729—1796）在少年时期作为一位不甚重要的普鲁士王国下属小公国的公主，就开始与法国启蒙运动的著名人物孟德斯鸠有书信往来。在她嫁入俄国皇室,成为太子妃期间,还认真研读了孟德斯鸠和伏尔泰的专著。1762年,她利用军事政变从丈夫沙皇彼得三世(1728—1762)手中夺取了政权、登基成为女皇之后,还长期与伏尔泰、狄德罗等西欧启蒙思想家保持通信联系,甚至在经济上对这些学者进行资助。在叶卡捷琳娜二世当政期间,她一方面继续俄国历史传统,通过武力不断向外扩张,极大地扩充了沙俄的领土,使之增长了近70万平方千米,同时通过立法加强了俄国贵族统治,赐予贵族大批土地和农奴,极大地巩固了俄国的农奴制度,用法律使贵族成为俄国社会中的特权阶级,强化了俄国的专制君主制度;另一方面,她又实施所谓的"开明专制",兴办各类学校,提倡文学创作,鼓励科学研究,积极招募欧洲的优秀学者到俄国工作,对工商业的发展采取鼓励政策,取消对贸易的限制,等等。这些举措对于当时还极为落后的俄国而言,起到了相当大的促进作用。

启蒙运动的影响当然不止于此,事实上这一运动推动甚至造就了美国独立战争和法国大革命。在某种意义上,我们可以说这两场革命本身就是启蒙运动的一部分,是启蒙运动中一些激进社会政治理论的具体实践。总之,启蒙运动是近代人类一次试图自觉利用人类理性理解世界、理解人类社会,并试图设计、改造人类社会的尝试,在思想和实践方面都给人类历史留下了值得长久回味的遗产。

科学革命:人类社会文明转型的产儿

科学作为一个完整形态的出现可追溯到1687年,牛顿的著作《自然哲学的数学原理》(简称《原理》)首次出版。要知道启蒙运动正开启于17世纪末,而英国是启蒙运动的一个重镇,同时英国也是宗教改革运动最为激烈的一个国家。如果把牛顿所开创的科学革命放到一个更为广阔的历史背景下考察,那么人们不难认识到,这场科学革命的兴起只是这一时期欧洲社会变革及思想变革的产物,是因应这一历史时

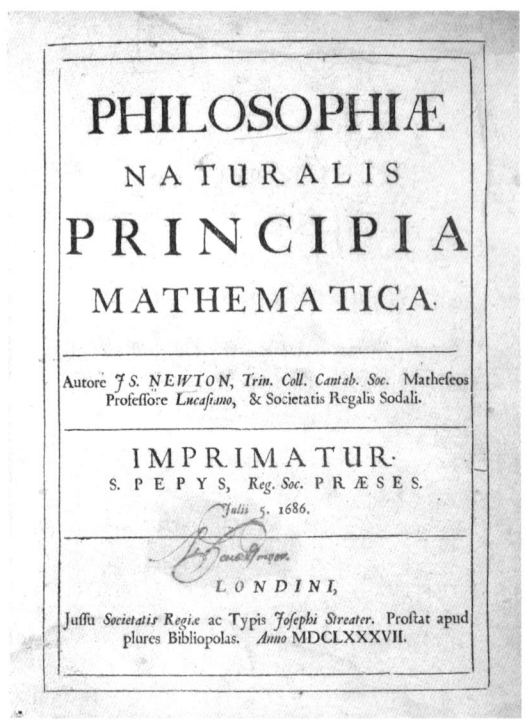

牛顿划时代巨著《自然哲学的数学原理》的扉页

期欧洲频繁的战争及大航海事业的产物。《原理》一书的出现标志着一种全新的认识自然界的思维方式与理论框架已然成熟，此后各类试图将自己归入"科学"的学科无一不在模仿、复制这一理论框架。时至今日，《原理》中的一些内容已经被后续的科学研究所超越，但从根本上讲，这一体系的模式依然如旧，支配着几乎所有的冠以"科学"之名的学科。换言之，现今各式各样的"科学"学说，包括自然科学与社会科学，仍都按照牛顿所建立的模式来构建自身体系。

牛顿是伟大的，这点无可置疑。但是牛顿的科学成就并非其一人之功。在科学史的著述中，会讲到哥白尼、伽利略、开普勒（1571—1630）、笛卡儿等一批牛顿的先驱，也会讲到与牛顿同时代的波意耳（1627—1691）、惠更斯（1629—1695）、胡克（1635—1703）、莱布尼茨、哈雷（1656—1742）等一大批优秀的学者。如果只出现一位卓越学者，可以说这位学者本人是天才，但如果一个时代成批量地涌现大批卓越学者，那么就必须认真考虑这个时代的作用了。可以说没有这些先驱的奠基工作，没有同时代学者们的相互交流与刺激，就不会出现如此卓越的牛顿；也可以说有了这些奠基的工作和大环境，即使没有牛顿这个人，大概率也会有其他学者能够完成建立现代科学体系的工作。总之，现代科学的出现是时代的产物。

一些科学史研究者试图告诉人们，科学革命之所以发生在欧洲，是因为欧洲有着深厚的科学土壤，有着科学的传统。为论证这一点，他们指出科学革命的发生与古希腊哲学中的理性主义，以及古希伯来神学中的万物统一观点（一神论）有极高的关联，而西部欧洲就是两希文明的继承者。这种观点是否成立，需要回答下面几个问题。

首先，两希文明的合流大致完成于4—5世纪的罗马帝国时期。如果两希文明对科学革命的发生有如此重要的意义，何以在此后近千年的时间里浸润在两希文明中的基督教世界（包括东正教、天主教）没有发生科学革命？

其次，作为基督教文明的正统继承者，东正教直至东罗马帝国灭亡都掌握着完整的古希腊文献（至少西方历史如是说），是两希文明的直接继承者。那么为何统治东方的、文明程度在中世纪显著高于西部欧洲的东罗马帝国没有在长达千年之久的统治期间内发生科学革命？

最后，7世纪伊斯兰教开始兴起于阿拉伯半岛，此后开始席卷西亚、中亚、南亚、北非乃至南欧。伊斯兰文明中吸收了大量两希文明的内容，在阿拉伯帝国强盛时期由国家出面组织了多个学术研究机构，大量翻译来自古希腊文明的著述，在数学、物理、化学等很多领域阿拉伯学者做出了极大贡献，其中不少工作都对此后欧洲的科学研究产生过深刻影响。甚至有人怀疑今日传世的所谓古希腊文献中有相当部分很可能就是阿拉伯学者们的托古之作。那么，作为同样继承了两希文明并将之发扬光大的阿拉伯文明为何没有成为科学革命的策源地？

由此看来，两希文明对科学革命的发生即使有影响，也不必过于高估，将之视为科学革命的必要条件过于牵强，完全没有逻辑上的必然性。

如果仔细研究一下欧洲近代史，就可以理解"科学革命"之所以发生的根本原因。欧洲自文艺复兴运动后发生了深刻而广泛的社会革命，开启了从传统农业社会向工商社会的转型，导致欧洲人最终走出了中世纪时期的思想禁锢，摆脱了神学对思想的束缚，开始直面各种生活的现实并且关注自然界，建立起了迥异于中世纪的理性思维体系，而科学革命只是欧洲整体社会变革浪潮中的一朵浪花。无视社会变革浪潮形成的背景，而专注于一朵浪花，无疑是一种只见树木，不见森林的行为。

文艺复兴运动的旗号是复兴古希腊文明，但严格地说，古希腊文明和西部欧洲此时占主流的日耳曼人在历史上没有丝毫传承关系，即使与运动发生地的意大利人的关系也极为薄弱。"复古"，只是这一时代用于动摇天主教神权和欧洲封建制的一种手段，类似于中国历史上曾多次出现的"托古改制"。这个"古"是否真实存在（如中国之尧舜禹），是怎样的真实存在，并不十分重要。重要的是今人如何去解释"古"之存在，重新构建自己想象中的古代文明。古今中外的复古，其实质无一不是用今人的需求强加在古人身上，以帮助今人完成"托古改制"的目的。即使没有古希腊，此时的欧洲人也可以发掘出其他文献，作为自己推动改革的依据。而"伟大的古希腊文明"正好通过阿拉伯人、东罗马帝国残部传入欧洲，幸运地成为中选者。是欧洲的社会变革之需求造就了古希腊文明之伟大，而不是古希腊文明造就了欧洲的社会变革。这两者的关系不应颠倒。其实，可以从类似的史实体悟出这点。众所周知，18世纪启蒙运动中不少启蒙学者凭着道听途说、只言片语,对当时统治中国的清王朝推崇备至,将之视为人类政治统治之楷模。其目的显然不是夸赞清王朝伟大,而是借着推崇清王朝来兜售私货。这种手法与文艺复兴运动时借助古希腊文明来动摇天主教信仰并无本质不同。只不过前者因为中国现实存在,只要真正接触到清王朝的现实就可以很清楚地知道这些夸赞的内容出自想象与编造;而后者因为古希腊文明早已"云消雾散",可以随意想象而不虞有"穿帮"之祸。

古希腊文明对于文艺复兴运动及此后的欧洲社会发展有所贡献,但这种贡献不宜过分夸大。类似地,如果这种社会变革发生在中国,那么也一定有人能够从中国古代文明中找到相关的资源,为变革找依据。举例来说,《大学》中八条目之一的"格物致知"只要经过全新的解释,就不难成为现代科学的方法论。类似的资源在中国古代文化中不在少数。因此,没有必要过度推崇西方人所发掘出的伟大的古希腊文明,而应该更重视此时的西方在来自外部的挑战、压力下所产生的内部改革动力。正是在这一改革动力的推动下,此后数百年间欧洲社会发生了巨大的变革。而中国,尽管其传统文明发达程度在数千年中处于世界领先地位,但没有形成这种推动社会根本变革的内部动力,没有产生质疑传统权威意识形态的力量,以及从全新视角审视世界的理性,因而中国与这种社会变革绝缘,顺理成章地也不会发生科学革命。脱离社会变革的大环境,只把注意力聚焦在少数学者的活动身上,来探究科学革命发生的原因,显然无法得到令人信服的结论。就这个意义而言,探究"为何科学革命发生于欧洲"这一命题本身,首先就需要回答"为何从农业文明到工业文明的社会革命发生于欧洲"这样一个更大的题目。

这种社会革命的发生是一系列历史事件的综合结果,而这些事件的发生具有高度的偶然性。没有阿拉伯帝国的兴起,没有蒙古西征,欧洲就无法接触来自东方的各种知识和技术;没有奥斯曼帝国兴起所导致的东方商路中断,大概率就不会有西方向海洋探索的热情与勇气;没有奥斯曼帝国对东罗马帝国的不断战争,就不会有西方对古希腊文明的再发现;没有海外殖民所提供的巨额财富,欧洲自16世纪后不断爆发的各封建领主间以各种名目而开展的长期战争之财源何来;没有这些靠巨额资金投入而开展的战争推动,欧洲战争技术的进步之源何在;没有大航海事业的需求以及战争需求所提出的各类技术和科学问题,很难设想会有一批学者花费大量精力去解决天体运动、质点运动、光的性质等问题;等等。

科学革命的发生具有必然性。因为人类具备着从农业文明向工业文明发展的潜在能力,只要条件适合,这种潜在能力必然会向现实转变,而实现这一文明转变的过程必然伴随产生看待世界的新方式、新理念。所谓"科学革命"就是这种新理念用于审视自然界的一种必然产物。科学革命的具体发生场所具有偶然性。在欧亚大陆上农业文明有多个核心地带。仅从逻辑分析上讲,无法排除任何一个高度发达的农业文明地区发生向工业文明转型的可能性。从可能性到现实性需要多个必要条件,而究竟哪个地区最先满足这些条件具有高度随机性。在欧洲人的大航海和全球殖民的背景下,科学革命的发生地具有唯一性,在欧洲发生的科学革命将不可避免地在较短时间内波及全世界。所以世界上不会有第二个独立的科学革命发生地。有人将这种唯一性混淆为某种文明创造科学革命的唯一性,把某种文明(如基督教-天主教-新教文明)认定为唯一可能创造出科学革命的文明。从科学革命最终发生于西部欧洲这一事实,就试图论证出这场革命只能发生于西部欧洲,这种推论的论据极不可靠,结论除误导人们以外,并不能为人们提供任何有益的知识。只有从更广阔的视野来看待科学,将之置于人类文明从农业转向工业这一历史背景之下,才可能使人们更为精确地理解现代科学的缘起。

第二篇

透视科学的维度

第五章

理性与科学

科学是人类理性活动的产物,对此人们不会质疑。在西方启蒙运动时期,用理性审视世界成为当时启蒙主义者的重要目标。在这些启蒙主义者眼中,此前的欧洲处于蒙昧状态,人们对事物的思考多为非理性的,因此需要理性之光驱散蒙昧的迷雾,用理性照耀人间。此时的教会以及各国的封建领主就是这些启蒙主义者批判的主要对象。与启蒙运动同时出现的现代科学,当然被认为是人类理性活动的典范,因而是启蒙运动中最为引人注目的成就。

但是,如果认为人类的理性始于启蒙时代,在这一时代之前人类社会无理性,显然不是事实。理性是人类认知能力发展到一定阶段的产物,标志着人类能够利用自己的思维能力认知世界,形成对于周边事物抽象成概念,并利用这些概念处理、解决人类生产及生活问题的能力。这种能力当然不是一成不变的,而是会随着人类社会的发展、变迁,不断进步,逐步提高。理性的进步既是社会进步的产物,又是推动社会进步的重大动力。

按照现代生物学的研究成果,人类作为一个物种出现在自然界已经有数百万年之久。人类与其近亲黑猩猩、大猩猩的差别之一就是人类拥有更大的脑容量,具有更强的思维能力。早期人类的思维方式应该与作为动物的近亲们没有本质差别,此时很难说这些远古的人类具有理性。若要追溯人类理性的起源，首先需要对什么是理性有一个判别标准。遗憾的是，至今为止也没有一种公认且统一的理性定义，人们对理性的理解各不相同，并未在"什么是理性"的问题上形成共识。按照笔者的理解，理性是人类的一种思维能力，利用这种能力人们可以在不同的事物/概念（具体或抽象）之间建立起联系，基于这种联系进行推理（逻辑推理、类比、假借），对事态的发展、变化做出预判。在一些情况下，这些预判会成为人们行为的指导。在采取行动的时候，就会有确切的目标，对自己行为的结果也有明确预期。人性天然偏好确定性，而对事物发展的不确定性抱有恐惧感。所以，理性就是人类发展出的一种获得确定性，或增加确定性而降低不确定性的思维能力。

从现代人的角度看，理性并非什么高深的能力，实际上人人都具有理性。正因如此，人类才得以从动物界脱颖而出，成为地球上迄今为止最为成功的一种生命体。值得注意的是，当人们运用理性去思考时，所得到的结论本身并不一定正确，即使按照理性的推论、判断去行事，其结果未必能够与预期相一致。理性是一种思维方式，但理性思维的结果是否正确并没有确切的保证，理性只是提升了达到目的的概率，但并不是万能的。尽管如此，人类的理性也足以使人类在自然界中生存、发展的机会得到极大的提升。设想一位掌握了一定概率论知识的游客来到了赌场，那么这位游客在赌博游戏中赢利的可能性要大于那些完全凭运气玩的游客。这位游客所掌握的概率论知识越丰富，其通过赌博而获利的可能性越大，但是即使他是一位概率论天才，也无法确保自己只赢不输。同理，理性是人类在面对变化世界时获胜（生存、发展）的一种工具，这种工具越强大，人类获胜的可能性越大，但是并非万无一失。人类具有不断提升自身能力的潜力，在思维领域也不例外，即人类的理性也会随着人类社会的发展而演进。

经验理性：从蒙昧迈向文明之初

从生物学角度讲，人类在大约4万—5万年之前进入晚期智人（现代人）时代。从那时起到今天，人类的生物学变化极小，即4万—5万年前的晚期智人与今天的我们在生物学上实际上可以视为同一的，没有显著差别。考古发掘显示，那时的人类已经具有制造石器和骨器的能力，掌握绘画、雕刻等技艺，能修建简单的居所，有为同类死者掘墓掩埋、放置随葬品的习俗，形成了简单的社会组织。此时，人类所能够制备的石器依然颇为简陋（打击石器），以采撷的野生植物果实、利用石器与木棍等工具渔猎的水鲜为食，以动物皮毛和树叶为衣，过着朝不保夕、衣不蔽体、食不果腹的生活，完全没有种植业、养殖业，其生存处于不确定性极高的状态。那么，为何在生物学上基本相同的晚期智人与今人的生存状态有着如此巨大的差异？

导致两者间巨大差异的根本原因既然不是生物学，那么就只能是社会学了。两个社会在知识积累、技术积累、社会组织状况等方面存在巨大差异，而造成这些差异的原因与这两个时代的人们看待世界、分析世界的方式的极大不同相关，其背后隐藏着两个时代的人们的思维能力不同，或者说理性思维能力不同。人类历史的发展可以借用阶梯来表示，人类在不断艰辛地攀登着历史的阶梯，从低向高，而未能完成这种不断攀登的人类族群极可能被历史的洪流所淹没，进而消亡。人类正是从低级的理性思维能力出发，不断进步才达到了今日的状态。每一个现代人，无论其是否有主观故意，都是人类不断进步的历史中的一个小小环节，不可避免地延续、继承着人类历史发展所积累的遗产。所有自认为是一个独立自主、摆脱了历史与社会束缚的"自然人"只不过是在痴人说梦。"人"之为"人"就是由于其历史性和社会性，脱离了历史和社会的"自然人"与动物无异，那种试图从"自然人"的状态来构建所谓"理想社会"的种种学说只是"幻说",对于理解人类历史和社会没有任何价值。

如果从宏观上回顾人类理性发展的历程,我们可以发现这是一个由简至繁的过程。在人类脱离动物界之初,开始用自己那有限的思维能力审视世界与自身。在最初的阶段,促使人类思考问题的因素就是个体自身的感受。这些感受来自感官的直接刺激,形成了人类个体最初的经验。一些优秀的个体对于这些经验的思考、整理形成了早期小群体对世界的认知,即最初的知识。人的感觉是无序的、庞杂的,因此在人类早期的知识体系中充斥着反映这种无序而又庞杂的因素。一个典型的实例即远古时期人类对自然界的认知,这种认知最集中地反映在远古时期人类的早期宗教(巫术)中。在生活于世界各地的各个远古族群中,都普遍存在着自然崇拜、万物有灵的观念,这种观念的形成显然是早期人类理性思维的结果。在这一时期,人们感受到了自然界的不可捉摸,认识到自己在自然界面前之弱小、无力。在把自身感受直接投射到外部世界的思维模式下,远古人们很自然地认为周围的事物,如山川河流、花草树木、飞禽走兽等,都是有感觉、有意志的,都是具有超越人类力量的神明,这些神明构成了超自然的世界。而人们是可以通过特定的仪式与这些神明进行沟通,表达自己的意愿,争取得到神明对自己某种行为的默许、庇护,甚至助力。人类感觉的无序与庞杂,直接反映在了远古人们所构建的神明世界,这个世界也是高度无序的,充满了各类神通不同、管辖领域不同、性情不同的神明。有意思的是,这种对世界的早期认识并不是人类中某些族群所特有的,而是分布在世界各地的远古人群都有,它们是早期人类认识世界的普遍结果。在现代人看来,这些东西是愚昧、无知的产物。但是如果放眼人类发展史,就能够认识到,在人类理性发育的早期阶段,这种认知的出现本身就是一个巨大的历史进步,标志着人类开启了用自己的思维在庞杂的外部现象之间建立联系,构建出一个想象世界的旅途。由于今天所掌握的资料有限,已经无法再现远古人们认知世界的过程,但还是有可能进行一些推测的。

现代人类学的研究发现,在各个处于史前文明的部族中普遍有原始神灵崇拜的存在,有专门的神职人员巫觋(巫:女性;觋:男),这既是一种社会现象,也是一种文化现象,更是一种精神现象。巫觋担任着主导祭祀的职责,被认为具有与神明沟通的能力,有些巫觋还同时承担着部族领导者的职责。按照现代语言的说法,这些巫觋具有政教合一的色彩。通过政治,管理部族;通过宗教,凝聚部族。在中国史前文明的研究中,考古发掘也不止一次地确认了一些原始祭祀场所的存在。一些研究者则直接把上古传说的人物解释为原始的宗教领袖。例如,在近期对良渚时期的考古发掘中,发现高级古墓中的陪葬物有玉钺或玉琮,部分古墓还兼而有之。要知道,玉钺被理解为武力的象征,意喻着世俗王权、军权;玉琮是祭祀的器物,意喻着神权。当古墓中同时出现两者时,很可能意味着坟墓的主人同时兼备王权与神权。

在相信万物有灵的远古年代,部落崇拜的神明可能不只有一位,众多的神明各有所长、各司其职。所以原始宗教几乎无一例外都是多

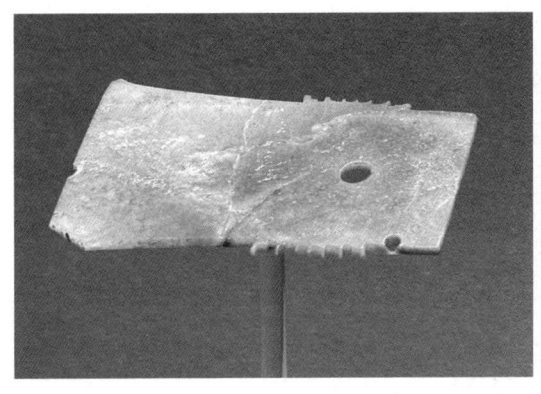

良渚文化中的玉钺和玉琮

神崇拜。即使一个部族有自己的主神，通常也不排斥或拒绝其他部族的神灵。如果我们考察这些原始宗教的活动，就不难发现以下几个主要内容。

（1）祈福禳灾：通过某些仪式沟通神灵，祈祷神灵赐福、禳灾，使人在此后的行动中可以获利而避害，特别是在部族的重大行动（如战争、迁徙等）之前，祈福仪式尤为重要。

（2）预测（占卜）：通过某些仪式获取神灵对未来某个事件或进程的结果的启示，使之可以趋利避害。

（3）葬仪：处于这一时期的人类普遍相信人死之后有灵魂，而通过适当的仪式，可以使死后的灵魂得到安抚，甚至还魂重生。

（4）招魂：巫觋可以通过"作法"沟通死者的灵魂，安慰或指导生者。

（5）治病：通过某种仪式沟通神灵，获取灵药，或者巫觋直接"作法"，驱除病人身体（灵魂）中的病魔。

（6）确立禁忌：以神明的名义禁止某些行为，确立部族中的行为规范，等等。

在人类的早期社会，巫觋与医生不分，两者普遍合二为一，常被称为"巫医"。因为在这一时期，疾病被理解为是鬼怪作祟的结果，而通过巫觋"作法"驱逐鬼怪，就能够实现治病救人的目的。只是到了后来随着人类相关知识的积累，才最终将疾病的发生与鬼怪的存在相区分，巫觋和医生出现了职业分化，医术逐步脱离了神秘色彩，成为一种专门的技艺。

巫觋可以作为部族精神领袖出现，显然不是由少数人对巫术的推崇所致，更多地表明了这一时期部族成员对其术法的普遍认可，对支持这种行为背后的精神理念的普遍接受。在现代文明世界中，巫觋的种种行为被视为愚昧无知、荒唐可笑，人们对之往往不屑一顾。但是如果将这些行为放到人类发展的历史中仔细探究,考察其驱动力的话,会看到另一个侧面,即"通过某种行为,降低风险,获取对人有利的结果"这一动机。这种动机当然是一种意图、一种思想意识,这种思想意识试图在"行为—结果"间建立关联,试图按照此时所理解的因果性行事,而所谓的"人类的理性"最根本的一点就是,承认世界中一些事物之间存在着因果关系,努力地找寻这种关系,并按照此关系为人谋利益。当一个群体(部族)已经开始认识到这个世界中有因果关系,并开始为找寻这种关系、利用这种关系而努力实践时,也就意味着这个群体已经有了理性。总之,巫术的出现无可置疑地显示出人类在思想领域的重大进步,即迈出了从认识个别到一般的重要一步。

今天没有人能够精确地确定从何时起人类开始有了最初的原始理性,但是完全有理由说原始社会的巫术及相关仪式的出现是社会发展到一定阶段的产物,是人类思维水平的一个飞跃,是人类理性出现的一个标志性事件。即使是最初的原始理性,也为人们提供了对于周围世界的普遍性认知。也正是由于有了这种普遍性的认知,才诞生了人类文明。尽管从今天的眼光看,这种早期的理性在许多方面无疑比较简陋,存在各种缺陷,但是不可否认的是,人类文明正是由此出发,不断发展成熟,走向更高级的阶段。很难设想,人类文明能够诞生于一群没有理性思维能力的人群之手。正是由于远古时代的人们掌握了原始理性,才有了开创人类文明的结果。无视这一事实,就无法正确理解人类社会发展的历史。

毋庸讳言,当人类刚从蒙昧中走出,开始迈向文明之初,其所形成的理性思维能力还很薄弱,思维方式也相当简单。从今天所了解的各类原始巫术、原始宗教、远古神话来看,自然崇拜、祖先崇拜、图腾崇拜、万物有灵、泛神论等观念几乎普遍存在于人类早期发展的各个部族。这类概念的一大特点就是把个人感受、生活经验简单处理后就普遍化了，认为整个世界就是自己经验的放大，加之以丰富的想象，由此构建出一套关于整个世界的理念。这类理念质朴、简单、直接、不乏灵性，却又经常充满着种种内在的矛盾。由于缺乏文字记载，今天已经没有办法看到这类理念的全貌了，只能在一些关于远古时代的传说中领会其时代精神，也可以通过一些考古发掘的遗迹来推测这一时期人类社会生活的某些侧面，经过两者间的相互验证，构建出远古时代人类物质生活、精神生活的概貌。但是可以肯定的是，在这种思维方式的支持下，人类开启了农业文明，为人类走向文明社会奠定了基础。当然，此时人类社会发展的水平总体还相当低下，因此人类认识世界的能力也较为有限。尽管如此，今天的人们也没有必要搞历史虚无主义，贬低与无视此时人类的认知能力，将此时简单视为"蒙昧时代"。

无论这种思维方式在今天看来何等简陋甚至可笑，都不能否认其依然是一种理性思维方式，是一种开创了人类文明社会的理性思维方式。这种方式极端依赖于人们的感觉经验，以及基于这些经验的想象。为了与此后更高阶段的人类理性相区分，或可将这一阶段的理性称之为"经验理性"。由于感觉经验自身所具有的无序与庞杂之特点，这一时期人们在利用其理性分析世界所形成的对世界的知识时也同样会呈现出类似的特性。

轴心时代：先验理性的爆发

如果说经验理性起源于远古狩猎采集时代，并推动人类社会走进农耕文明时代，在农耕文明的基础上开启了文明社会，那么随着文明社会的出现，社会分工进一步细化，出现了城镇和手工作坊，生产效率得到进一步提升，产生了阶级，少部分人掌握了大量的社会资源，脱离了日常繁重的体力劳动，产生出一部分专业或半专业的脑力劳动者。生产方式的进步，导致生产力水平的提升，以及社会组织方式的变化。在人类步入农业文明之初，社会最基本的组织依然停留在以血缘关系为纽带的原始氏族部落，随着农业定居生活的出现，农业生产水平的提高，部落的规模不断扩大，部落之间为争夺优质资源开始发生战争。为应对这种变化，原始的血缘部落组织已经不足为凭，一些原始部落打破血缘壁垒，开始形成部落联盟，进而形成更高级的社会组织——国家。

国家的出现，通常意味着文明社会的诞生。现代考古学发现，最早的农业诞生于距今1万年前的西亚，而最初的国家出现于大约距今5000年前。也就是说，从农业文明萌生到国家的出现，人类花费了大约5000年的时间。在这期间，人类社会不但取得了物质生产技术方面的进步，同时还取得了社会组织能力、组织水平的进步，以及相应的思维能力方面的进步。大约在公元前800年至前200年，世界上几个文明程度最高的地区几乎不约而同地出现了人类历史上最为重要的思想革命，而这段人类文明的重大突破时期就是近代德国学者雅斯贝斯（1883—1969）所说的"轴心时代"。在轴心时代，世界上文明最为发达的几个区域（其中影响力最大的是中国、印度和环地中海地区）各自独立地发展出了具有自身特色的文明，产生了一批最终影响后期人类文明的伟大思想家。区别于更早期的人类文明，这种新型的文明成了日后人类精神源泉，奠定了具有各自特色的人类文明圈的基础。而一些更为古老的文明，如古巴比伦文明与古埃及文明，并没有对轴心时代做出直接贡献，最终湮灭在人类历史的长河之中，如今只有考古学意义了。这两个消亡的远古文明，都曾给希腊文明和犹太文明以深远的影响，古巴比伦文明还对波斯文明有深刻影响，所以今天的人们只能通过希腊文明、犹太文明、波斯文明间接地感受这些远古文明的余音了。

事实上，当今天人们书写近2500年以来的人类文明史时，几乎都无可争议地聚焦在雅斯贝斯所论及的人类文明圈上，并用相当篇幅介绍这些文明圈中的典型人物及其思想。从这个角度讲，"轴心时代"这一说法极有说服力,虽然至今仍未有人能够在地理相对隔绝的条件下,为何几大文明圈会不约而同地出现思想大爆发的现象给出合理的解释,也许这将永久地成为一个谜团。

中国在轴心时代最有代表性的人物当属儒家创始人孔子(前551—前479)与道家创始人老子(约前571—前471)。

孔子的儒家学说侧重于伦理,重视人际关系,主张用"礼"来规范人们的各种社会行为以及日常生活,而在人间王侯之上有"天",天命难违,顺天者昌,逆天者亡。而"天"者,"天视自我民视,天听自我民听",是要服从于百姓之见、百姓之闻的。因此,代表天命的统治者们需行仁政,以保证其天命的续存。孔子的学说到了他的再传弟子孟子(约前372—前289)的时代就更显示出了其民本主义色彩,孟子直言"民为贵,社稷次之,君为轻";谈到武王伐纣则曰:"贼仁者谓之贼,贼义者谓之残,残贼之人,谓之一夫。闻诛一夫纣矣,未闻弑君也。"在孟子之后的2000年中,也没有多少人能够达到这种道德理性的力量高度!儒家学说,一方面在维护统治者的利益,教育百姓遵从礼教,维护现有社会秩序;另一面又在警示统治者,要行仁政,要贵民,以保证天命不失,否则就会成为"一夫",成为天下民众眼里的"残贼",成为被诛伐的对象。

老子则推崇"道",而"道法自然",崇尚无为而治,因此他的思想与儒家的政治理念大相径庭。老子的思想中充满了辩证法,认为世界中一切都在变化,所谓"物极必反",即极强必然走弱,而极弱则酝酿着走强,"祸兮福之所倚,福兮祸之所伏";其政治理想则是小国寡民,"邻邦相望,鸡犬之声相闻,民至老死不相往来";他对圣贤抱有强烈的质疑态度,"绝圣弃智,民利百倍;绝仁弃义,民复孝慈;绝巧弃利,盗贼无有","不尚贤,使民不争"。老子后的庄子(约前369—前286)对"道"做了进一步阐释,在庄子看来,道"先天地生","夫道有情有信,无为无形,可传而不可受,可得而不可见,自本自根,未有天地,自古以固存,神鬼神帝,生天生地";当人们得了"道",即可获得在宇宙之中的无限自由。在政治理念方面,庄子继承了老子的观点,强烈质疑并批判"知(智)"与"圣":"世俗之所谓至知者,有不为大盗积者乎?所谓至圣者,有不为大盗守者乎?";"圣人不死,大盗不止";"窃钩者诛,窃国者为诸侯,诸侯之门而仁义存焉,则是非窃仁义圣知邪?"在精神领域,庄子则希望通过"无己""无功""无名",一切顺乎自然,超脱现实,不滞于外物,从而达到无条件的精神自由。儒道两家出现的时间大致相同,但内容迥异,不过在一点上两者高度一致,即都把变易视为宇宙的通则。这种一致性背后应该反映着中华文明的某种特质。

在轴心时代,印度最有影响力的人物莫过于创立佛教的释迦牟尼(姓乔达摩,名悉达多,释迦为族名)。释迦牟尼诞生于古印度河流域迦毗罗卫国(现位于尼泊尔和印度交界的地方),生卒年不详,各种说法莫衷一是,不同教派之间的说法悬殊,能有数百年的差异。1950年,为确定"佛历",全球佛教界共同规定佛陀(即释迦牟尼)的生卒年为公元前623年至前543年。佛教认为,一切未得到解脱的众生因为未断绝贪、嗔、痴三毒,都会在六道里永无止境地生死流转,给人生带来了无止境的痛苦与烦恼。想要脱离这种痛苦以及烦恼的轮回,就需要不断地修行,提升自己的境界,最终在轮回中实现"涅槃",从而达到将世间所有一切法的自体性都灭尽的状态,永恒地摆脱生命中的种种烦恼、痛苦。"佛陀"的本义为觉悟者,释迦牟尼是人而非神,其教诲本质是一种哲学思考而非宗教教条。但释迦牟尼涅槃之后,其弟子将其语录编纂成文,形成了最初的佛经,原来的僧团进一步组织化,演变成为宗教团体,释迦牟尼的学说在其徒子徒孙手中宗教化。释迦牟尼涅槃之后,其信徒、高僧继续发展佛教,形成了大量的佛经,而这些内容已成为今天各教派的经典。佛教是一个相当开放的体系,在论证其理论时,显示出了相当强大的思辨能力,接着通过讲故事的方式打动普通信众,所以在立教之后，佛学开始向外部传播，并多次进行地方化改造。佛教作为一种出世的宗教，通过对来世的期望，给生活在各种烦恼、苦难中的民众指明了解脱的方法，最终成了影响东亚、东南亚的一大宗教。

在古埃及文明与古巴比伦文明的孕育下，产生了处于巴尔干半岛南端的古希腊文明。在轴心时代，古希腊出现了一大批哲学家、数学家、文学家，这些人的工作对千年之后欧洲文明的兴起产生了极大影响，奠定了欧洲近代文明的基础。古希腊学者们的一大特点是将其注意力主要放在了探究自然上，把对知识的探索当成了其最终的目的。虽然古希腊学者们有许多学派和不同的观点，但在研究的方向上有高度的一致性：对知识、对真理的追求。柏拉图（前429—前347）也许是古希腊最有影响力的学者，在他的理论中，世界是二元的：存在着一个理念的、绝对的世界，以及一个人们所感知的、变化的世界；感知的世界是对理念世界的摹写、复制，这种复制并不完美。那些真正的理念是完美的，且永恒不变，人们对于始终处于变化之中的可感觉的具体事物只能产生个别的、偶然的、相对的意见，唯有超越于感觉事物之上的真实的存在，即理念，才是普遍的、必然的和绝对的知识的对象。

尽管亚里士多德是柏拉图的学生，但他却有着和老师不同的观点。亚里士多德认为，世界乃是由各种形式与质料和谐一致的事物所构成的；"质料"是组成事物的材料，"形式"则是每一件事物的个别特征；在具体事物中，没有无质料的形式，也没有无形式的质料，质料与形式的结合过程，就是潜能转化为现实的运动；人类一切知识的起源是感觉。亚里士多德提出了推理思维的三段论，为形式逻辑作为一门学问奠定了基础。作为古希腊时代最博学的人物，亚里士多德的观点、方法对西方世界产生了极为深远的影响。他的作品众多，涉及领域、学科遍及伦理学、形而上学、心理学、经济学、神学、政治学、修辞学、自然哲学、教育学、诗歌、风俗和法律等，故人们称其是一位百科全书式的学者。今天传世的亚里士多德的著作总字数超过数百万字,这在没有纸张的时代是一个不可想象的巨大数字。这些著作大都"发现"于10世纪之后,特别是文艺复兴时期之后。因此,这些冠名在亚里士多德名下的著述到底有多少是他本人的原著,有多少是后人的伪托,至今仍是学术界讨论的问题。

古希腊另一位影响世界的人物是欧几里得(前325—前265),他在《几何原本》一书中,总结了那个时代希腊人对几何学研究的重要成果,并在提出了公理模式基础上,运用形式逻辑的方式,建立了从公理出发论证命题,得到定理的论证方法,从而构建起几何学大厦。这本书对于西方人的思维方法产生了极大的影响,成为后世建立科学体系的范本。

欧几里得《几何原本》的扉页

在西亚的巴勒斯坦地区，距今3000多年前就生活着一个族群——犹太人。根据犹太人的经典《塔纳赫》（即基督教所言的《旧约圣经》）的记载，犹太人曾经在埃及生活过近400年，之后在摩西的带领下，走出埃及，回到了祖上的土地——巴勒斯坦，并在那里建立了以色列王国。后来王国分裂，形成了以色列王国（北）和犹太王国（南）。公元前587年，新巴比伦帝国出兵攻打耶路撒冷，犹太国虽小，但民众团结一致，奋力抵抗，在苦苦坚守18个月后，最终不敌新巴比伦兵力，灭亡了。公元前597年至前538年，大量犹太民众被掳至巴比伦，此事件被称为"巴比伦之囚"。后来，波斯帝国占领新巴比伦王国，允许犹太人返回祖地巴勒斯坦，重建耶路撒冷。罗马兴起后长期统治巴勒斯坦地区达千年之久，其间，犹太人大量离开故地，分散到了亚、欧、非的许多地方，成为没有祖国的游民。但即使如此，犹太民族在2000年的颠沛流离、受尽打压后依然存在，并在近代出现了一大批影响世界的伟大人物。

犹太人能够在如此困境中生存下来的一个最重要的因素就是有犹太教，其教义为《塔纳赫》，大约成文于公元前1500年至前400年。犹太教是一神教，有别于远古时期遍布于世界各地的多神教，据研究，其起源与古埃及一次宗教改革有关。一神教的出现对人类历史的影响之深广，怎么评估也不过分。犹太教的基本主张是：世界是由神耶和华创造的，神是唯一的；人是神参照自己的形象创造的；由于人类先祖亚当与夏娃被蛇所诱惑，偷吃了智慧果，而被神贬黜出了天堂伊甸园，带有原罪来到地上；神与犹太人立约，由此犹太人是神选之民；生活要遵从律法，律法永不改变，神对遵守律法者赐予奖赏，对践踏者给予惩罚；救世主弥赛亚终将来到世界上，死人将复活。

轴心时代三大文明圈的文明成就实际上引导了之后2000余年的世界文明发展。在东亚，中国成功地吸收、消化了西来的佛教思想、文化，与本土的儒、道融合，形成了基于儒道释三家的宋明理学、心学，而且将这种经过改造的、更为精致的儒家学说传播到了近邻的朝鲜、日本、越南等国家，并且由于宋明之际相当数量的中国移民，这些学说在东南亚各国也颇具影响力。佛教诞生于印度与尼泊尔地区，但到了近代印度本土的佛教徒数量已经很少，其主要影响的地区是东亚和一些东南亚国家，在这些国家文化和民众生活中打下了极为深刻的印记。在印度本土，佛教虽然已经式微，但是后起的印度教实际上是在吸收了当地多种宗教因素后而形成的，其中也包含了部分佛教的成分。

原产于巴勒斯坦地区、只为犹太民族所信奉的犹太教，在公元一世纪发生了一次重大变革，从中分裂出来了基督教。在继承了《塔纳赫》的基础上，基督教认为，耶稣为上帝之子，为了给人类赎罪，作为"弥赛亚"而降临世界，向全人类传播福音。在耶稣被罗马总督下令杀害后3天，耶稣复活、升天，证实了其神圣性。耶稣及其早期信徒多为犹太人，但基督教却远比犹太教开放，面向全人类，认为所有人都应该是被拯救的对象。耶稣去世及复活、升天之后，基督徒在各地宣讲耶稣的言语和事迹，传播其教义，信徒数量不断增长。数十年之后，信徒们开始用文字记录耶稣的事迹和言论，使用的文字可能有希伯来文、亚兰文或希腊文。最初的记录版本繁多，杂乱无章，矛盾百出，一直到公元5世纪（此时基督教已成为罗马帝国的国教）才在受罗马帝国官方扶持的教会的主持下，基本完成了整理，形成了基督教的新经典，即今日所谓的《新约圣经》，而更早的犹太经典《塔纳赫》则成了《旧约圣经》，即上帝派遣其子耶稣降临人间，与人类立下新约，取代了旧约。在耶稣传教时期，巴勒斯坦地区已成为罗马治下的一部分，但并未得到官方认可。由于犹太教拉比们对耶稣的教义持反对态度，更不承认耶稣是弥赛亚，因此耶稣的教团实际上受到来自犹太教的严厉打击。一般认为罗马总督是在犹太团体的压力下，下令处死耶稣的。这种来自官方的压制持续多年，一直到公元313年，罗马皇帝君士坦丁大帝和其共治者李锡尼

(263—325)在米兰会面同意了一项共同的宗教政策,即日后颁布的《米兰敕令》,才结束了对基督徒的打压,而君士坦丁本人更是在临终前加入基督教。公元392年,罗马帝国皇帝狄奥多西一世颁布《萨洛尼卡敕令》,宣布基督教为国教,禁止其他宗教在罗马帝国境内传播。基督教的出现,使得原本只为一个很小的犹太民族所信奉的神成了超越民族、种族、国家的神,极大地扩展了一神教的传播范围。基督教在罗马帝国的传播过程中,很快地就和希腊文化相结合,用希腊文明中的理性论证神的存在及其伟大,使得基督教教义的理论性得到极大的提升,对基督教的传播起到了推动作用。事实上,如果把柏拉图哲学中具有绝对意义的"理念"改换为基督教教义中的"神",就不难发现两者之间的高度同构。至此,两希文明合流,成为此后基督教世界的主流。

如果我们单独比较轴心时代的三大文明圈,很容易发现这些文明存在的社会形态、精神取向、思考之问题都有极大的差异。中国的儒家入世,承认天命,关注于构建符合"礼"的人际关系,希图以此保证社会的稳定。中国的道家出世,超脱现实,讲究"唯道是从",追求个人身心的自由。在受到佛教影响后,中国本土出现了"道教",尊奉老子为"道祖",其目标是追求长生不老,肉体成仙,而对现世功业嗤之以鼻。印度的佛教希求于生命的最终解脱,关注个人修行,试图通过修行提升个人的境界,以期成为觉悟者(佛陀),最终能够摆脱苦难的生命轮回。古希腊哲学则关注于知识的获取、真理的把握,认为生命的意义在于追求真理,掌握了真理的人可以解决世间各种问题。一神教寄托幸福于"神",希图通过人遵从、实践"神-人"契约而得到神的认可,最终可以死而复生,抵达天堂,获得幸福的永生。

尽管轴心时代这几大文明的哲人们所思考的问题各不相同,解决问题的思路也看似南辕北辙,但他们所处的时代却都有着相似的背景,即高度发达的农业文明社会;所面临的问题也具有相似性,即所建立的理论能够适应社会发展的需求,能够为大规模的社会组织构建奠定基础。由于有这些共同点,处于不同环境下的哲人们所创建的思想不约而同地具有了共性,即脱离了经验理性时代的局限,开始思考人类的普遍问题,试图建立起能够为人类所普遍接受的理论。这种理论需要从一些先验的理念(信仰)出发,通过思辨而建立具有普遍性的理论。儒家之"仁"、道家之"道"、佛家之"觉悟"、古希腊之"真理"、犹太教之"神",都是一些人们无法依据直接经验而获取的抽象理念,超越了人们的感觉经验范围,属于形而上的领域,被认为具有对全人类的普遍性。这些先验的存在超越时空,先天地生,各自在不同维度上开辟了人类思想领域的新世界。

这种理性的思维方式显著不同于远古时代人们的经验理性,更具有普遍性、逻辑性、完备性,因而更具有说服力,更能够打动人心,更能适应形成更大的、稳定的社会组织的需求。由于这些起源于不同地区的思想体系存在着这种同一性,或可将这类理性归之为"先验理性"。当人类的思维方式从经验理性过渡发展到了先验理性阶段,人类就具备了更为强大的思辨、推理能力,形成了构建完整理论体系的能力。因明学、逻辑学、欧几里得几何学出现在这一时期,绝非偶然。这几个思辨体系的共同特点就是"蔑视经验,轻视劳作"。"劳心者治人,劳力者治于人"既是这些社会的现实,也是这一阶段人类社会的理想。这种理论上的超验性使得这些理论具备了更为强大的综合概括能力及感召力,更能够把原本不同部族的人群凝聚在一起,形成更大、更强的社会组织。事实上,世界上所有稳定的大帝国,如秦汉帝国、罗马帝国、阿拉伯帝国、蒙元帝国等,都是轴心时代开启之后的产物。这些帝国领土广袤、人口众多、族群复杂,但都有着帝国自身统一而又稳定的意识形态。无法想象如果没有这种具有普遍性的意识形态的支撑,这些帝国何以生存。欧亚大陆出现的这种现象绝非历史的偶然,如果没有轴心时代几大文明所形成的对世界认知的新模式,没有先验的教条所设立的关于世界统一性的认知,原来基于经验理性所建立的人类认知模式不足以支持人类建立起这种规模巨大且长期稳定的组织。考虑到这几个文明圈在地理上的间隔与当时人类交流之不便,考虑到这几个文明所关注的方向之巨大差异,不得不感叹轴心时代的出现实为人类发展史上一大奇观。当这类观念出现之后,人们不再把自己简单地等同于自然界中的其他生命,而自觉地把人类的地位提升到了万物之灵的境界。在中国的儒、道两家中,"人"被视为可与"天""地"同列的存在,具有超越的意义;在一神教的信念中,更是直接将人视为神按照自己的模样而创造的产物,从诞生之日起就迥异于其他生命,是宇宙中仅次于神的存在。这种突出人之意义的思想,显然极大地不同于原始时代人们基于经验理性对世界的认知。这种在理论上的人之地位提升,与人类社会发展达到新阶段有关,与人类对自身以及对世界认识水平的提升有关,与人类的思维能力的提升有关。

实证理性:科学革命的基础

轴心时代之后,人类进入了一个文明新时代。农业文明成为欧亚大陆的支配性主流文明,几个主要帝国的地域及人口规模都达到了前所未有的地步。农业生产的效率也在缓慢地提升,为社会的进一步发展奠定了物质基础。在数量有限的几个大都市中,人口规模达到了数十万乃至上百万。城市的发展必然伴随着分工的细化、手工业的发达,以及商业活动的活跃。都市的发展是社会发展的重要指标。但是农业文明的生产力水平受限于自然条件,其产出量和生产效率都不可能出现飙升。由于农业生产的这种特性,在农业文明时代,单位农业生产人口所能供养的非农业人口的数量极低,并在很长时期内没有实质变化。于是,尽管如中国这样一个发达的农业文明国家,其城市人口的比例也从未超过总人口的20%。这一过程持续了千年之久,直到一种全新的文明形态出现。

在种种历史机缘下,14世纪的欧洲发生了文艺复兴运动。欧洲人开始摆脱束缚西部欧洲长达千年之久的天主教教义,把原来长期追求彼岸、天堂的意愿转向了注重现世生活,并开始质疑神圣教会,对传统的批判精神在此萌生。这种打着恢复古希腊学术旗号的批判精神一方面在文学、艺术、建筑等人文领域建构了人文主义,一方面开始重新审视自然界,推动了自然哲学的发展。哥白尼、伽利略等人就是文艺复兴时期自然哲学发展的领航者。大航海时代的地理大发现以及此后的宗教改革运动加速了欧洲社会的变迁,大量的城镇得到发展,手工业、商业、金融业得到了更广泛的市场,传统社会、传统权威受到了更为激烈的冲击。新生社会力量市民阶层开始登上历史舞台,与封建领主、国王既斗争又合作,争夺政治权力以及意识形态话语权。斗争激烈之时,不乏彼此间的战争,所造成的损失极为严重,但同时也快速地改变了欧洲社会的结构。在这种剧烈变化的社会中,新生社会势力为了给自己的行动建立正当性,就需要动摇与颠覆传统社会合法性的根基。于是,因应这一社会巨变的要求,一种全新的理性思维模式开始出现。

在欧洲传统社会,君王、贵族的合法性来自"君权神授"的意识形态,而支持这种意识形态的理论根基就是天主教神学。在文艺复兴运动时期诞生的人文主义,开始将人们的视野从关注天堂转向关注现世生活,开始用绘画来反映世间民众生活的情感,通过文学作品对教会与教士的腐败进行批判。到了宗教改革时期,路德与加尔文各自从自己的角度,从神学理论上对传统天主教神学进行了批判,提出了一套系统的全新神学理论,革新了宗教组织、宗教礼仪,直接挑战了传统天主教神学统治。其结果是欧洲在信仰领域产生了深刻的分裂,一部分人坚持传统的天主教教义,继续信奉天主教的一系列规范;另一部分人则改宗，开始信奉新教，采取了一套全新的信仰及生活规范。信仰的分裂直接导致欧洲世界的政治重组，将欧洲各国分裂成为天主教国家和新教国家两大阵营，虽然这种阵营并非因宗教信仰而一成不变，但为了国家利益，不同信仰的国家可以结盟，相同信仰的国家彼此为敌的事情也屡见不鲜。新教的产生对欧洲封建势力的打击甚大，正是在新教的旗号下，新生的市民等级才有了可以聚集自己力量的旗帜，形成一种强大的社会力量。但是，新教对天主教的批判依然局限在旧有的框架内，以新神学对垒旧神学，从根本上讲并未超出传统思维的窠臼。文艺复兴是用文学对天主教教士的嬉笑怒骂召唤人性，用艺术、建筑等形式彰显人本主义；宗教改革则是把理论批判的矛头直指天主教教皇、教会、教义，直接动员信徒以行动改变了天主教主宰的世界，在传统信仰的领域中造就巨大的裂痕。但要更彻底地改变传统社会，就要在思想领域，在思维模式上进行更彻底的变革。通过思想的变革，为新生社会力量获取合法性。

这一变革最先出现在哲学领域。17世纪初叶，英国哲学家培根发表了《新工具》，提出了"从感官和特殊的东西引出一些原理，经由逐步而无间断的上升，直至最后才达到最普遍的原理"的研究方法，标志着经验论哲学的发轫。此后不久，法国哲学家笛卡儿发表《形而上学的沉思》，系统阐述了其哲学思想。这本书确立了此后西方近代哲学的发展方向，为欧洲的"理性主义"哲学奠定了基础，标志着西方哲学走出古希腊哲学，从关注本体论转向关注认识论，开辟出了哲学发展的新时代。作为那一时期的学者，无论是培根还是笛卡儿都极为博学，同时横跨多个领域，都在很多的学科上有所建树。可以说从那一时期起，英伦哲学与欧陆哲学的风格差异就已经初步显现：在英伦体系中，经验主义的色彩一直比较浓郁；而在欧陆体系中，理性主义的倾向更为强烈。尽管两者从一开始就有所不同，但它们并不是完全对立、相互否定的。在经验论中不乏对理性的应用，在理性主义的体系中经验也不可或缺，两者主要的分歧在于知识的根本来源是经验还是理性。这两种哲学实际上都放弃了从某种先验理念出发，用推导的方法构建人类对世界的认知以及指导人类行为的方式，转而开始追问如何获取知识、真理，其共同的前提是建立起主观、客观两分法，而真理就是主观对客观世界的正确认识。这种追问无疑推翻了轴心时代人类先验理性的思维模式，开辟了一种全新的模式。自此以后，所有的理论，无论是宗教的还是世俗的，都彻底丧失了绝对真理的地位，都必须经过人类的考究。这种考究在经验论者那里，是人类经验；在理性主义那里，是人类理性。总之，发生在17世纪上半叶的这场哲学革命并不是几个哲学家在书斋里酝酿的。在培根、笛卡儿的身上可以看到自文艺复兴运动及宗教改革运动以来欧洲所出现的多种思潮的影响，这些思潮的出现是当时欧洲社会变迁的反映，这些思潮的兴衰无一不伴随着某种社会力量的兴衰。哲学家们的工作就是把这些思潮的内容加以整合，形成了较为完整的哲学理论，而此时欧洲的哲学刚刚从基督教神学体系中脱离出来，科学仅作为哲学中的自然哲学而存在，还并没有形成一个独立的学科。

如果比照雅斯贝尔斯的分析，17世纪发生在欧洲的这场哲学革命实际上是一个新轴心时代开启的先兆。与第一轴心时代各自独立地发生在欧亚大陆几个地区不同，由于大航海的发生打通了世界各地的人员、物资、思想、文化的交流，再次出现完全独立的几个思想体系已无可能。但是，这并不意味着全球最终都会原封不动地接受欧洲近代文明的结果，沿着欧洲文明的发展轨道演进。最为可能的情况是，在欧洲文明的刺激下，不同地区的文明在经历一段时间的学习、酝酿后，会在自己原有文明的基础上重塑各自的现代文明。当然，这还需要更长的时间才能得到结果。从这个意义上讲，今天的人类正处于第二轴心时代的展开中。

事实上，自从哲学革命发生以来，世界上各种新的哲学学说就如同雨后春笋，纷纷涌现。直到今天，世界上依然会不时出现一些哲学大家，他们从某些新角度思考问题，给人们新的启示。这些哲学理论体现了现代人类思维能力所达到的高度。尽管不同时期、不同的哲学家建立的理论十分不同，有些理论甚至是对立的，但是作为新时代的产物，任何有影响力的思想都有一个共同的性质，即所有思想以及建立在这些思想上的理论都必须面对真实的世界，需要经受现实世界的拷问，需要具有能够解释现实的能力。那种仅仅基于一些先验理念而建立的理论完全丧失了打动人心的能力，不再具有凝聚社会力量的功能。与第一轴心时代的思想家不同，新时代的哲学家、思想家的理论必须经受历史实践的考验，而不具备这种能力的纯粹思辨的理论失去了占据历史舞台中心的可能。这种对理论所具备的实践性与实证性要求，是新时代对理性思维的要求，不能满足这一要求的理论只会被历史淘汰。具有这种性质的理性显然与经验理性和先验理性都极为不同，在这种新理性模式的视野下所看到的及理解的世界已全然不同以往，是因应新时代发展的产物。这种新的理性思维模式或可名之为"实证理性"。

17世纪是实证理性的早期成熟期，其标志是以培根、笛卡儿这些哲学家的工作为代表，而更重要的成果则是17世纪下半叶所发生的科学革命。后者的影响在此后的历史中更为显著，更为广泛。

欧洲的科学发轫于文艺复兴运动，很容易观察到其与古希腊自然哲学研究成果之间的继承性。特别是毕达哥拉斯的"万物皆数"的观念对此时的欧洲学者有重大影响。但不同于古希腊哲学家从理念出发构建世界的图像，文艺复兴运动中的学者则通过系统的实验与观察来把握自然运动的规律，并由此对古希腊时期所构建的世界图像提出了种种疑问。哥白尼的日心说打开了一个巨大的窗口，改变了人类对星体运动图像的认识，并在客观上动摇了天主教建立于托勒玫（约90—

168）地心学说基础上的宇宙层级结构的教义。伽利略则成为利用可控实验研究物体运动规律的先驱者。特别是其开创的通过定量测量而发现物质运动一般规律的方法，颠覆了此前古希腊学者的研究模式，为日后物理学以及其他学科的发展开辟了崭新的道路。开普勒则在第谷（1546—1601）长期天文观测数据的基础上，提出了著名的开普勒三定律，对行星环绕太阳的运动规律做了定量描述。按照开普勒定律，行星的绕日运动是椭圆而非严格的圆周，这与古希腊哲学家从理念出发，设想"天体运动一定是完美的，因而必定是圆周"有相当的差异。但是天文观测数据显然支持了椭圆说而否认了圆周假设。天文观测数据vs哲学（神学）理念，以前者的胜利告终。这一胜利的背后是一种新的理性思维模式的成长壮大。

以牛顿为代表的科学革命是在欧洲社会革命、哲学革命（思维方式革命），以及此前一大批学者工作的基础上完成的。之所以把牛顿的工作当作现代科学诞生的标志，在于其著作《原理》开创了构建科学体系的模板，这一模板事实上成为此后所有被称为科学（无论自然科学或社会科学）的学科所共同模仿的对象，直至今日依然如此。《原理》一书的出版将科学的发展划分为两个时代，即现代科学时代与前科学时代。那么，此书是怎样构建现代科学的呢？

在《原理》一书中，牛顿首先从几个基本物理量的定义出发，明确了其使用的这些概念的物理意义，并对建立这些概念相关基础（如时间、空间等）做了阐释；其次他直截了当地提出了物质运动三定律（公理），即今日所称的"牛顿三定律"，并在"解释"中明确说明，"我所陈述的原理，已被数学家们所接受且被多种实验所证实"；再次，依据这些定律和相关原理，牛顿对多种情况下的物理系统进行了分析、计算，得到了一系列定理；最后，他将这一力学体系的结果推广到对天体运动的解释，从行星、卫星运动的观测轨迹推出了星体间的作用力关系，即所谓的"万有引力定律"。从中我们可以看出,牛顿与哥白尼、伽利略、开普勒等人的重大差别:牛顿之前的学者所研究的都是某一个具体问题,如哥白尼的太阳系,伽利略的落体运动或钟摆,开普勒的行星轨道等;而牛顿建立了一个体系,一个完整的力学体系。牛顿曾明确表示,他的这些定律来自对实验和定量观测结果的归纳。这里可以清楚地看到,培根所倡导的经验论对牛顿工作的重大影响。从牛顿三定律和万有引力定律出发,原则上可以解决所有的力学问题和天体运动问题。此前,所有传统文明都把天、地分别对待,认为两者由不同的规律所支配。中国古代文明更是认为天、地、人各有各的法则,地低于天,人低于地,有严格的差等秩序。这种序列不仅是自然界的序列,同时也是人间的序列。这种人与自然界同构的观念,形成了中国传统文化中"天人合一"的理念。西方天主教教义直接继承了古希腊亚里士多德的学说,将天与地相区分,认为它们存在着完全不同的两套体系。牛顿理论的出现彻底颠覆了传统文明的这些观念,在实验和观测的基础上统一了宇宙中物质运动的规则。依据这一理论,受控实验和天文观测的结果原则上可以通过对已知自然规律的定量计算加以确认,也可以通过计算预测一些未知自然现象。人类理性的力量以牛顿理论体系的方式得到充分彰显。

《原理》一书的逻辑结构其实并不新颖。熟悉几何学的人很容易发现牛顿在此刻意模仿欧几里得的著作《几何原本》。在《几何原本》中,欧几里得从建立定义、公设、公理出发,之后完全通过逻辑推理,证明了多个命题,形成众多定理,最终构建出了结构严整的平面几何学大厦。但是《原理》的出发点则与《几何原本》的出发点大相径庭。前者选择作为出发点的定律(公理)必须与受控实验结果相容;而后者的公理完全是抽象思维的产物,不需要也不可能得到实证。换言之,《原理》是实证理性的产物,《几何原本》是先验理性的产物。所以,尽管从形上看两者有高度相似性，但其背后的理性思维模式有时代差别。

人类理性思维模式会随着时代的变迁而发展，新的模式会极大地促进人类理性思维的水平。但是新模式与旧模式之间并非替代关系，即新模式的出现并不会导致旧模式的消亡。新旧模式之间更像高层建筑中楼层之间的关系，旧模式处于低位，用旧模式思考问题必然导致眼界狭窄的问题，而新模式处于高位，可以看得更远，眼界更为宽阔。但是，这并不意味着旧模式就完全丧失了认知世界的能力，更不能说有了更高的楼层就把低层给拆除掉。这点在后面的讨论中会有进一步说明。

从远古时期的"经验理性"，到古代的"先验理性"，再到近代的"实证理性"，看似完成了"正"→"反"→"合"的循环，但实证理性与经验理性有着重大差异。在经验理性中，经验来自个人的感受，往往缺乏普遍性、精确性和可重复性，基于个体经验的理论推导也相当随意，缺乏严格的推理规范。在先验理论体系中，人们建立起了推理的各种规则，推理的过程实现了规范化，但是这些理论的出发点是先验的，需要依靠权威（如世俗的圣人或宗教的神明）来加持。到了实证理性，观察或实验脱离了个体的感知而成为公共活动，具有了普遍性和可重复性；理论的前提（公理、定律）依赖于实证，不再需要来自权威的加持；各种学说、理论的出发点（如定律）都可以被视为一种假设，需要通过人类的实践活动加以验证。在这一理性体系中，任何一种理论都自动成为可以质疑的对象，理论正确性的保证是人类的实践活动自身，这些活动既包括感觉经验部分，也包括理性思维部分。所谓"实证"，是指通过实践（实验、观察等）对理论进行验证的过程，这一过程是理论结合实践的反思活动，此时的实践活动具有明确的目的性，与支配其行为的理论有高度关联，而实践活动的结果又成为审视理论的出发点。相比而言，在人类的经验理性阶段，人类形成的知识完全依赖于个体的经验，缺乏对这些基于经验而形成的知识进行反思的过程。总之，在经验理性时代，一个理论（世俗的或宗教的）只要能够对人们日常生产、生活的具体经验进行解释，就能为民众所接受，形成局部范围内的共同意识；在先验理性时代，理论的解释能力开始具有普遍性，形成了具备解释世间各类事物、内在逻辑一致的统一学说，这一学说能够为民众的生活所容纳，成为一个社会的支配性学说，并据此建构更大的社会组织；到了实证理性时代，理论不但要有内在的逻辑统一性，还要经受人类经验的考究，构成理论与实践的统一体系，只有这样的理论体系才具备成为有竞争力的、具有普遍意义的思想体系，进而影响全人类。

人类思维模式的变革，一方面反映了社会发展所引起的变化，另一方面成了推动人类社会发展的动力。这种变革并非以思维的新模式完全替代旧模式，而是将新模式叠加在旧模式之上，用新模式开拓更广阔的空间。也许可以借用库恩（1922—1996）对科学革命的描述，引入理性思维的范式概念：人类的理性思维具有一定的范式，这种范式会随历史的发展而演变；在不同的历史时期人类思维的范式不同；用不同的范式来观察、认知世界时，人们会得到对世界完全不同的图像，并因此会产生出不同的社会形态。现代科学就是建立在实证理性这种新思维范式基础上的一座大厦。

第六章

知识与科学

什么是知识？

知识是现代中国最常用的词语之一。但是到底知识是什么，至今学界也没有一个统一的认知。事实上，由于这个词使用得如此广泛、频繁，似乎每个人都知道什么是知识，但仔细考察时又会发现，这一概念内涵丰富，以至于人们很难给出一个明确的定义。不同职业、不同文化背景、不同教育背景的人所谈论的知识各不相同，使用不同语言的人所讨论的知识不尽相同，而有着不同人生经历的人看待知识世界的格局也会有天壤之别。如果仍要勉强地说出所谓的"知识"是什么，也许我们只能进行最宽泛的描述：知识是人（个体/群体）在所掌握的对事物（包括人、物、概念）感性与理性认知的基础上所形成的记忆，这种认知使人能够在至少两种事物之间建立起某种关联，对事物间的关系做出描述或判断。

按照上述描述，知识显然是人类大脑思维的产物，这种产物与现实之间的对应关系自然不会是唯一的，即对应于同一个对象，不同的人所产生的认知（知识）会有所不同。知识必然存在迭代，不断地进化，任何试图把某种既有知识绝对化的做法都是徒劳的。在这种对"知识"的理解下，知识可以说是包罗万象的，囊括了人/人类对事物的所有认知，这些认知可以是具体的，也可以是抽象的；可以是完整的，也可以是零碎的；可以是正确的，也可以是错误的。知识既可以指称世间某种已经发生、确定的事件，也可以指称依据某种理论而对未来所做出的判断，因而带有不确定性。从大的方面看，可以把人类对整个世界的认知，如巫术、宗教、哲学、科学都归于知识；从小的方面看，可以把人对于某一个具体事物的认知也归于知识，如张三是张二的弟弟，明天下午天安门广场下雨，等等。

尽管人们对"知识"的概念有不同看法，但对知识的作用却有一定的共识。首先，知识可以帮助人们理解周围的世界，即在已知知识的基础上处理所获信息。一般说来，知识广博的人具有更强的准确理解世界、处理信息的能力，而这种能力又可帮助自身学习并掌握新知识。其次，人的行为往往与其掌握的知识状况有直接关联，部分知识具有价值判断的功能。作为一种理性动物，人的大量行为都是有意识、有目标的，而人日常活动的目标不可避免地与自身知识状况相关联，与自身的价值体系相关。在未受到外部强制的情况下，人往往在其掌握的知识的支配下，确定目标并采取理性行为。因此，人的行为会因知识状况之差异而各不相同。最后，知识可以帮助人规划自己的未来，从而决定其生命轨迹。人类与其他动物最大的不同之处在于，人类很早就有了关于未来的概念，并清楚地知道自己今天的种种行为对自己的未来会有所影响，知识具有预测未来的功能。在规划自己未来的过程中，个体的知识背景、知识水平都会起到无法忽视的作用，而人行为的目标也会随着自身的处境及知识状况的改变而发生变化。正因如此，才会有"知识改变命运"一说。

获取知识的途径

人非生而知之，所有人的知识都是后天获得的。人获得知识的最直接的途径就是自身的经验,即在人生的历练中,通过个体的感知和思考不断获取并积累知识。纵观人的成长的过程,不难看到人是如何从懵懂无知的婴儿逐步变为一个掌握各种知识的成人。但是,作为个体的人其生命过程极为有限,无论在时间上还是在空间上,以及在接触事物的种类等方面上,都有着极大的局限性。因此,尽管通过亲身经历而获取知识的途径对每个人而言都非常重要,但却是极为低效的。如果人只能依靠这一途径获取知识,那么也不会比其他动物更具竞争优势了。

所幸的是,自从人类出现以来,人作为一种群居的社会动物,向他人学习、从社会实践中学习,就已经成为其获取知识的最主要的途径了。这里的学习是指其最广泛意义上的用法,可以从家人、邻居、游伴、教师、合作者、陌生人等各种人那里获取知识,也可以从书籍、报刊、图画、音乐、影视、网络等途径中获得知识。知识载体的变化,直接改变了知识在人类社会中的传播方式、传播范围和传播的效率,从而极大地影响人类的能力及其在生物界中的地位。

从人类发展的历史上看,当人类掌握了语言后,知识在人群中的传播效率有了极大提升,人类在与其他动物的生存竞争中便获取了压倒性优势。当人类中的部分群体创造出图画与文字等记录知识的手段后,知识在特定群体内传播与传承的地域及时间就更为广泛了,进而这些掌握知识传播技能的群体相对于其他群体就具有更大的竞争优势。随着技术文明的进一步发展,纸张、印刷术、广播、电视、互联网等的涌现,更使得人学习的途径得到极大的扩展。今天,人获取知识的途径已经越来越依靠学习,而非自身经验了。

科学之定义

科学,作为近代人类所建立的理论体系,无疑也是一种知识,一种特殊的知识,一种较为新颖的知识。

英文中"science"一词起源于拉丁语"scientia"与希腊文"episteme",其原意是"知识""学问"。Science以现有意义在英语世界中被广泛使用的历史其实相当短暂,仅约200年,而在此之前使用的是"natural philosophy",即"自然哲学"一词。事实上,用"science"替代"natural philosophy"这一过程,与科学自身的发展、科学门类逐步增加有很大关系。

明末时期,中国通过基督教传教士开始接触西方文明,也因此开始对西方的科学(自然哲学)有了极为初步的了解。最初,中文套用《大学》之中"格物致知"一说,将science翻译为"格物学"。19世纪下半叶,日本通过明治维新,走向了现代化的道路。大量的西方文献被翻译成日文,其中science一词被日本学者首次翻译为"科学",取其"分科之学"之意,这一译法较好地描述了当时西方科学发展阶段中多种学科从natural philosophy里逐步分离出来的现状。在中国,这一译法被康有为、严复等人最先使用。中日甲午战争后,大量中国青年到日本留学学习,形成了从日本大量引入日译西方语言的局面。20世纪初期,"科学"最终取代了"格物学",成为science的中文标准译法,而实际上在古代中文中的"科学"一词之原意为"科举之学"。

虽然科学诞生至今已有数百年,但是对于什么是科学,或者说如何定义科学,仍没有统一的认知。例如,在《中国大百科全书》中科学(science)的条目为:"对各种事实和现象进行观察、分类、归纳、演绎、分析、推理、计算和实验,从而发现规律,并对各种定量规律予以验证和公式化的知识体系。科学的任务是揭示事物发展的客观规律,探求真理,作为人们改造世界的指南。科学产生于古代社会的实践需要。它在16—17世纪开始形成(以培根为代表),并在历史发展过程中转化为生产力。按传统观点,科学分为自然科学和社会科学两大类。"

在《不列颠百科全书》(国际中文版)中科学指:"对物质世界及其

各种现象进行无偏见的观察和系统实验的各种智力活动。一般说来,科学涉及一种对知识的追求,包括追求各种普遍真理或各种基本规律的作用。"

在《维基百科》中科学指:"一种系统性的知识体系,它积累和组织并可检验有关于宇宙的解释和预测。科学强调预测结果的具体性和可证伪性,这有别于空泛的哲学。科学也不等同于寻求绝对无误的真理,而是在现有基础上,摸索式地不断接近真理。故科学的发展史就是一部人类对宇宙的认识偏差的纠正史……科学原仅指对自然现象之规律的探索与总结,但人文学科也越来越多地被冠以'科学'之名。"

虽然这些"百科"对科学的描述并不一致,但是人们大致可以从这些描述中得到所谓"科学"的几个性质:

(1)科学是一种人类理性活动的产物;

(2)这种产物体现为一种系统化、理论化、定量化的知识形成的理论体系;

(3)这种理论体系需要与现有的各种观察、实验结果相容;

(4)这种理论体系可预测某些未知的事件;

(5)这种理论体系可能是不完备的,因此是开放的。

原则上讲,作为"科学"的理论体系既可以是研究自然界的,也可以是研究人类社会的;前者形成了自然科学中的诸学科,后者形成了社会科学中的诸学科。本文在不做说明的情况下只关注自然科学,因此将用"科学"一词专指"自然科学"。

值得注意的是,"人类理性活动的产物"并非只有科学,实际上各种知识都具有这一性质;"系统化、理论化"也并非科学所特有,宗教、中医、文字学、数学等都满足这点,但宗教、中医、文字学等无法定量化;"与现有的各种观察、实验结果相容"以及"可预测某些未知的事件",这超出了数学自身的能力。由此看出,利用这些性质,可以对一种理论是不是"科学"做出判别。数学、逻辑学等纯粹研究人类思维形式的学科不在科学之列，尽管这些学科对科学的产生、发展具有决定性作用。这一结果似乎多少让人有些奇怪，但想想诗歌与语言间的关系，就应该不难理解科学与数学、逻辑学间的关系。没有语言，当然就不会有诗歌，但语言自身并非诗歌；没有数学、逻辑学就不可能产生科学、发展科学，但数学、逻辑学本身并非科学。一门学科是不是"科学"并不是一个根本的问题，毕竟人类大量的知识体系存在于科学范围之外，而且在没有科学的时代，人类已经生存了数百万年。重要的问题是，一门学科是否能够为人类提供有益的知识，能够为人类的生存和发展助力，把是不是科学当作评判一门学科重要性的判据，实际上过于抬高了科学的地位。

今天人们谈论的"科学"实际上包含若干不同层面的意思，如"科学精神"、"科学方法"、"科学理论"及"科学知识"。由于人们在使用"科学"这一词时，通常并不会特别指出其是在哪层意义上使用的，这往往会给人们的理解造成困扰。一般说来，科学精神普遍适用于所有科学学科，而科学方法会因学科的差异而有所不同，但总体而言有着诸多的共同性。各学科的主要差异就是其立足的理论体系，这一体系包括：针对学科对象所建立的定义；基于对研究对象的受控实验和观察所建立的公设及定量化定律，它们是理论体系的核心；应用这些定律解决现实问题的案例，其中既有对已知案例的理论解释，也有对未知现象的预测，预测的未知现象越多、重要性越高，这一理论的价值就越大。而所谓的"科学知识"，其实就是当人们利用某一科学理论、科学方法分析具体问题时所得到的结果，这些结果形成了人们所共知的知识。科学知识的一大特点就是在给定情况下，得到的结果应该具有唯一性，即理论分析的结果与分析者无关，只取决于分析对象及相关条件。有了科学研究的精神，使用了科学的方法研究某个领域的问题，并不能保证一定能够建立起这一领域的科学理论。没有理论为基础，当然也就不会有相关领域的科学知识了。一个具体的实例就是，长期以来众多哲学家都期盼可以采用科学方法建立起科学化的哲学体系。如果把康德的工作视为这一努力的开端的话，那么时间已经过去了200多年，所谓"科学的哲学"依然遥遥无期。科学不是万能的。由于科学所适用的对象是有限的，无法覆盖人类所有的知识领域，所以在人类所掌握的知识中必然会存在大量的非科学的知识。"非科学的知识"并不等于"无益的知识"、"错误的知识"或"无用的知识"，对此人们也应有充分的理解。

从"科学知识"角度再识科学

在科学诞生之前，实际上人们对很多自然现象已经有了相当的了解，形成了各类知识。由于时代的局限性，在很多情况下，人们对这些知识的掌握按照现代人的理解是处于"知其然，而不知其所以然"的状态。当现代科学出现后，人们有了从更高层面理解这些现象的能力，从科学的角度重新解释早期人们所掌握的知识，使之"科学化"，从而得到了"科学知识"，而这些知识的内容其实与早年人们的知识在形式上并无不同。于是，一些人便称古人已经掌握了科学知识。在今天的科学史著述中有大量的篇幅在讲述各个古代文明所掌握的科学知识。其实，古人的知识来源于经验理性，这类知识多停留在现象层面，无法回答"为什么"的问题，不具备预测新现象的能力，因而按照今天的标准，显然它们达不到科学的水准。《十万个为什么》这套书中涉及的许多问题是人们早已从长期经验中获知的现象（知识）。作者对这些经验知识提出进一步发问"为什么"，然后利用现代科学对这些经验知识进行分析、解答，从而将这些传统的经验知识科学化。可以说这是一个极为典型的实例，即利用今天的科学理论解释这些早已为人们所知的现象，使得这些古代关于自然现象的知识科学化，成为今天人们所说的"科学知识"。虽然这些早已为人们所掌握的知识符合科学,可以用科学理论加以解释,但是这并不意味着那时的人们已经建立了科学,有了相关的科学理论。同样的道理,一篇古文可以条理清晰、逻辑严谨,但那时世界上可能还没有逻辑学,可这也并不妨碍今天的人们在学校里将此文当作逻辑学的范本来讲授。

可以举出很多实例来说明上述观点。科学史著述中最爱讲到的古代科学之一就是古代天文学。无论是东方的中国、西亚地区,还是西方的古希腊,都对天体运行进行了大量记载,形成了各具特色的天文学理论。在古代中国,天上的星象是上天的语言,人可以通过观测星象而了解天意,从而预测祸福,趋利避害。为了读懂天意,各个王朝都有司天监或类似机构,专门负责观测、记录和解读天象。这些天文记录,绝大部分无疑是星体运行的真实状况。但是,由于这种研究的出发点、观测的目的、对结果的解释等都与现代天文学研究大相径庭,很难说古时这些关于天体运动的知识是古代的"科学知识"。天文学在中国古代的另一个重大作用是为了确定农时。以农为本的中国古代社会,当政者的职责之一就是为臣民提供历书,确定农时,决定耕作时间。历朝历代的政府都会花大气力研究太阳的运行规律以确定正确的农时,保证农业收成稳定。为此,古代中国天文学积累了大量的相关天文学知识,而中国古代的农业生产也确实因此而受益。在古希腊,托勒玫建立了一个完整的基于地球中心的宇宙模型。按照这一唯象理论,地球居于宇宙中心,固定不动,而日月星辰围绕地球转动。根据先验理念,托勒玫认为天体的运动一定是完美的,而圆是完美的体现,因此日月星辰都一定沿着完美的圆周轨道环绕地球运动。当行星运动无法用圆周运动解释时,托勒玫引入了本轮、均轮,在维持了其先验理念的条件下,构建出了一个相当复杂的行星绕地运动体系。托勒玫的理论当然与古希腊的天文观测有很大关系,可以说这些天文观测的数据构成了托勒玫理论

托勒玫天文台

的基础。从各方面看，托勒玫体系大概是古典世界各种自然哲学理论中最接近现代科学的一种体系，在考虑到观测精度的历史局限性的条件下，这一体系几乎满足了有关科学的各种性质，唯一的例外就是作为一种唯象理论，托勒玫体系只能阐述其所见，而没有任何能够预测其他天象的能力。在牛顿的天文学中，依照牛顿对行星轨道在引力场中的运动轨迹计算，天文学家成功地计算到了天王星、海王星的存在，并通过天文观测而成功地将其捕获。所以，尽管古代中国、西亚、希腊的天文知识今天可以被现代天文学所吸收，成为现代天文学的科学知识的一部分，但这些古代的天文学科依然不是今天人们所理解的科学。这种缺乏预测新事物能力的问题，当然不只是托勒玫体系的问题，实际上从古代所有的知识体系的构造原理来看，它们大都停留在唯象描述和经验总结的层次，都不可能有精确的预测功能。即使到了哥白尼时代，其日心说体系也不具备这种预测功能。因此，严格地讲，哥白尼的日心说依然只是一种唯象理论，距离现代科学还有一段距离。

同样的情况在农学中也可以看到。作为一个传统的农业国家，中国自古以来就极为重视农业技术的发展，积累了大量的农业知识，远在先秦时代，中国就开始记录农学知识。汉代著名的《氾胜之书》中，就汇录了多种农作物的耕种知识。在此后的朝代中，中国还有多部农学著作面世，对中国传统农业的发展起到了积极作用，时至今日部分知识还在农业生产中使用。但是，这些知识显然都是通过长期的经验积累而来的，还未上升到一门科学的水平。而今天的农学，可以十分清晰地从农作物的生长机理角度把古代那些农业知识推导出来，把原理解释清楚，并可以依据现代的生物学理论，人为地定向培育，甚至创造出全新的生物品种。尽管两者在一些具体问题上有着完全相同的做法，但背后的推动力却存在巨大的差异。古代农业知识的有效性与当时的知识体系并不是科学体系，没有任何矛盾。

今日人们常常会讲古代的科学，如果从古代某些知识与今天科学所提供的知识相一致的角度讲，这固然可以接受。事实上，现代科学的建立在很大程度上受到了这些古代知识的启发，两者之间有一定的传承关系。但是，严格地讲，在现代科学体系建立之前的古代知识，都是传统思维模式的产物，其基础与现代科学有着极大的差异，两者间的一致性只是某种巧合，缺乏必然性。所以，在古代的知识体系中就会出现以下几种常见情况：部分内容值得流传，部分内容又相当荒诞；部分知识可以用现代科学加以解释，实现古代知识的科学化，部分知识即使仍是有效的，也无法用现有的科学理论加以说明，还有部分知识被现代科学证明是错误的而被抛弃。

人类产生知识远远早于人类建立科学体系。可以说，知识包括科学体系，科学体系是一类特殊的知识，科学的出现极大地扩张了人类知识的领域与内容。因此，把一个知识体系是否科学当作这一体系是否应该得到社会支持的判据，是不妥当的。

第七章

技术与科学

近百年以来,我国在很多场合下把"科学"与"技术"两个词一起使用,甚至时常将两者并列而简化为"科技"。这就造成了在许多人的概念中,这两者密切相关,甚至就是一个东西。但是如果仔细考察一下,就会发现这两者之间存在重大差异。

简单地讲,科学的目的在于通过实验构建起定量化的理论体系,以帮助人类认识世界、把握自然界的变化规律。因此,科学是基于人类思维的一种知识体系,一种特殊的知识体系。而广义的技术之目的在于提升、扩展人类的能力,使人类能够适应环境、改造世界、提升生产与生活质量,这种能力需要通过后天的学习才能掌握,并可以通过行为展现这种能力。具体地说,技术最终体现为产品(广义的产品)的制造和工具(广义的工具)的使用。总之,科学关注于"为什么",技术关注于"怎样有利"以及"如何实现(操作)",而操作的背后,一定有意识的支配,有相关知识的背景。又或曰:科学寻"道",技术求"器"。因此,技术与科学两者之起源、目的、内容差异甚大,不可不察。

历史中的技术与科学

技术同时包括了思维(目的、方法)与行为(操作)两部分内容。掌握了某种技术的人,在制造产品之前,头脑中一定会有关于这一产品的图像,也知道自己的行为会对产品产生何种影响。一位木匠拿到木材,依据木材材质,决定制造桌子。那么在开工之前,在木匠的脑中实际上就已经有了这张桌子的图像,也十分明确如何将手边的木材按步骤加工成为桌子部件的程序,以及将这些部件最终组合成为桌子的规划,即木匠具有关于桌子的知识,以及制造桌子的知识。但仅此还不够,木匠最终将桌子造出来,还要有具体操作工具的能力,比如制造出桌腿、桌面、榫卯结构,并且最终把部件组合在一起等。也就是说,木匠要有把脑中的图像最终变现的能力以及操纵自己肢体的能力。知识是前提,支配着木匠的行为意向,但最终变现还是需要具体的操作。即使在意向相同的情况下,不同的操作者得到的产品也可能出现显著的差异。技术的这一特点与生俱来,源远流长,当人类开始制作第一根木矛、第一把石斧和石刀的时候就是如此。

可以说人类从诞生之日起,就在不断地为改善自己的生活与生产水平而努力,一种很普遍的认识甚至直接把"人"定义为能够制造工具的动物。制造工具显然不是作为生物体的个人与生俱来的能力,而是人类先祖经过多个世代的摸索而发展出来并世代相传的一种能力。根据现代考古学的发现,我们可以知道人类最早制备的石器距今已有250万—300万年。即使忽略更早期人类可能也制造及使用过其他如木质材料的工具,也可以相当有把握地说,人类从事技术研究的历史不会短于250万年,尽管那个时代的技术水平在今人看来如此低下,以至于长期被人无视,似乎以为那是一种人类与生俱来的能力。因此,一个毋庸置疑的事实是,人类掌握技术、发展技术的历史要远远早于科学。相比于技术出现的漫长历史,科学的产生是很晚的事情,不过300多年的历史,即使考虑到其萌芽、成熟过程,也不过2000余年的历史。数百万年以来,人类是依靠所掌握的技术,而非科学,在与自然界的博弈中而得以生存、发展、壮大,这是一个基本的、无可辩驳的事实。在今天人类的生活、生产中有大量人们通过后天学习（广义的学习）、训练而掌握的各种技能，这些技能是如此广泛、不可或缺，以至于人们都忘记了人类没有掌握这些技能的日子。

在没有科学的时代，人类的技术发展在很大程度上依靠的是在经验基础上的不断摸索、试错。经验理性是那个时代指导发明家们行为的最强有力的思想武器。无论现代学者们怎么在书斋里娴熟地利用逻辑学来论证"从经验中无法获得普遍规律"，都无法阻止自古以来的发明家们基于自己或他人的经验积累而发明创造出各类新技术，从而逐渐地提高了人类生产、生活的质量，提升了人类文明的水平。近代西方科学的产生、发展都是建立在长期以来人类技术积累的基础之上，而不是相反。人类曾经历过极为漫长的有技术而无科学的时代，如果对这一基本事实没有认知，就无从真正了解技术与科学两者间的相互关系。

技术的科学化

科学作为一种全新的知识体系，其出现对技术的发展产生了巨大而深远的影响。在传统技术领域，技术的知识背景是经验，而经验没有揭示事物发展普遍规律的能力，缺乏指导人们沿着特定方向改进技术的作用。因此，在完全依靠经验发展技术的时代，很多技术的出现与进步具有高度的偶然性，这导致技术进步的效率奇低，成本却奇高。特别是在农耕社会，技术进步的扩散极为缓慢，使得人们缺乏推动技术进步的动力，而安于技术停滞的状态。但随着工商社会的兴起，技术进步成为推动商业利益的有效策略，研发新技术开始成为工商社会的潮流。特别是当科学出现之后，科学对人类的知识体系进行了"科学化"梳理。其结果就是在一些领域中，技术的知识背景形成了理论化、科学化的体系，由此导致从事这类技术研发的人员其思维方式迥异于传统的技术人员，具备了系统地、精确地分析产品制造或工具使用过程中各个环节所起作用的能力，可以高效地确定技术改进方案，极大地降低技术进步所消耗的成本。同时，科学研究的方法也在技术开发过程中得到广泛应用，显著提高了技术开发的效率。

事实上，这种案例可以说不胜枚举。造船，是一个相当古老的技术，远古时代的人类就已经掌握了舟、筏的制造技艺。但那个时代的人们只会使用低密度的材料，如木材、竹材，来制备舟、筏。因为从直观的经验很容易看到木头、竹竿可以漂浮在水面之上。在以经验为背景的知识体系中，低密度材质是造船的必要条件。但是在近代科学的体系中，人们认识到了舟、筏的漂浮有赖于水所产生的浮力，而浮力的大小正比于浸入水中的物体体积，与物质的密度无关。于是，在这种认知指导下，人们制备舟、筏的材料不再仅限于低密度材料了，机械性能更优、密度更高的多种金属材料也成为选择的对象。科学知识极大地改进了造船技术，正是在这一基础上，才有了制造万吨、数十万吨等各类钢铁巨轮的可能性。科学的技术为人类在造船领域开辟了更大的空间，人类也因此获得了在水上航行的更大的自由度。

再如冶金技术。春秋战国时期，中国出现了钢铁冶炼技术。作为一种元素，铁的熔融温度很高，所以尽管古人们很早就掌握了青铜的冶炼技术，但是掌握钢铁冶炼技术的时间要晚很多。现代科学已经清楚地告诉人们，钢与铁之分在于含碳量的多少，当含碳量质量百分比介于0.02%—2.04%时，所得到的铁合金就是钢；当碳含量过低时，得到熟铁；当碳含量过高时，得到生铁。钢的机械性能在很多方面都优于铁，通过控制碳含量以及加入一些其他元素，可以得到多种性能上有很大差异的钢材。但在古代，人们并不清楚这点，只知道经过一些特殊的方式加工后的铁会变为钢，其性能会有巨变。中国古人使用的炉子无法达到铁的熔点，铁矿石经加热冶炼后得到的只能是含有大量杂质的海绵铁,之后采用炭火加热海绵铁(称为"炼铁"),然后进行锻打,在锻打过程中碳元素不断渗入铁中,杂质不断析出,最终成为钢。为得到高质量的钢,需要多次对材料进行加热、锻打,因此该方法被称为"百炼法"。但是在炼制过程中,通过这一方法无法精确控制碳的渗入量,也很难掌控碳在铁中是否均匀分布,熟铁中的杂质在锻打过程中被去除了多少,因此产品质量不稳定,且生产效率极低。此后,古人又发明了"炒钢法",即用液态生铁向熟铁进行扩散渗碳而炼钢的方法,解决了大量生产钢的问题。从古代中国在春秋之际通过"块炼法"炼铁,到汉代开始普遍采用"百炼法"制钢,再到南北朝时期发明"炒钢法",前后经历了近千年的时间,而此后直至西方工业革命爆发之后,西方才发明更先进的钢铁冶炼技术。事实上,即使到了17—18世纪(此时科学革命已经发生),西方的钢铁冶炼技术仍与中国古代技术走在相同的路线上。西方真正超越中国古代钢铁冶炼技术,要到19世纪乃至20世纪初叶。那时西方已具备的大量的先进分析技术,以热力学、化学、晶体学等学科的科学知识为依托,对钢铁冶炼过程中的化学反应、组分控制、温度控制、结晶过程等诸多因素有了相当程度的知识积累,在炼钢工艺的开发中,采用了大量的科学方法,有效提高了技术研发的效率。事实上,西方学者得到较为正确的铁-碳相图已经是1901年的事情了,而这种化学热力学相图的出现才是钢铁产业完成科学化的标志性成果。至此,冶金技术实现科学化,人类生产钢铁等金属材料的能力得到极大扩充,各种新冶炼技术层出不穷,完全取代了传统钢铁冶炼技术。顺便提一下,促进西方冶金技术发展的动力,实际上是产业需求、技术需求。正是由于西方社会的工业化过程对钢铁产量、质量的要求日益提高,促进了西方学者、工程师对相关学科发展的努力,最终建立起了基于物理学、化学、机械学等多学科基础上的冶金学科。

非科学的技术：以中医学、中医治疗和中药学为例

并不是所有传统技术都能完成科学化改造。最为典型的案例之一就是传统医学。众所周知，世界上各地区的民众在现代医学出现以前都有一些传统的医疗技术和药物，它们已在民众千百年的生活中得到了充分应用，自证了其有效性。这个问题在中国更为显著。中医的起源可以追溯到传说中5000年前的神农氏，《黄帝内经》作为古代中国第一部医学著作极可能成书不晚于汉代。中医自成体系，用中国传统的阴阳五行说来解释人体，分析病因，在保健、治病、养生等方面都有自己的一套理论，形成了相当完备的医学理论、医疗技术和药物学理论，构成了世界上相当有特色的医学体系。在中国，民众大多都认可中医、中药的有效性，即中医是一种可以帮助人们实现保健、治病和养生目的的有效技术手段。

现代医学和现代药物产生于西方，因此被很多人称为"西医"和"西药"。殊不知现代医学与西方传统医学完全没有继承关系。现代医学实际上是19世纪晚期在生物学、化学、解剖学等多个科学学科发展起来后，才建立、发展起来的全新医学学科，其背后的知识体系是现代科学。甚至可以说，如果西方没有彻底抛弃西方的传统医学，就不可能出现今日的现代医学。尽管现代医学出现的历史相当短暂，但在科学知识的引导下，其进步速度极为惊人，百余年来取得了惊人的成就，为人类的健康做出了巨大贡献。那么是否有把传统中医科学化的可能性呢？按照中医的核心理论，人体中有五脏六腑，五脏分别对应于五行；人有经脉、络脉，经络是两者的简称，是人体运行气血、联络脏腑肢节、沟通上下内外的通道；穴位大多在经络之上，通过针灸等技术刺激相关穴位，可使人体产生相应反应，平衡身体，以达到祛病、祛邪的目的。大量的医疗实践无可争辩地证实了通过人为刺激这些穴位，确实可以达

到治病、养生的目的。针灸、拔火罐等基于穴位理论的医疗技术近来也得到越来越多国家的医疗机构的认可。尽管如此,时至今日依然没有人能够在解剖学上发现人体经络的实体,也没有人能够说清楚经络的生理学功能到底是什么。从这个角度说,中医学赖以立论的知识体系并没有实证的支持,而没有实证支持的知识体系不能被视为科学体系,因此至今中医学依然没有科学背景!

中药学面临的境况也是如此。在现代科学的基础上,现代药学要求对药物进行详尽的化学成分分析,给出药物的化学分子式,确定药物的有效成分、功效、副作用等。达不到这些条件的药物,即没有满足药物面市的科学条件,无法取得合法销售的许可。但是当把这一体系用来处理中药时,就会发现大量的中药根本无法满足这一条件。按照中医理论,人体是一个微缩的宇宙,需要阴阳平衡。因此,在中医用药时,极少出现只用针对某一病症的药材,而是根据病人的身体综合状况,君臣佐使,搭配使用,以达到平衡阴阳、祛病除邪的目的。在中药中也存在相当数量的有毒药材,这些有毒药材在用量适合的情况下,被认为是调整人体平衡的必要材料。因此,中医、中药完全建立在与现代医学完全不同的知识体系之上。想要把中医"科学化"是一个难度极高的设想。近几年来肆虐全球的新冠肺炎疫情凸显了这一困境。在中国,大量的医疗实践显示了一些中成药在治疗新冠病毒感染者时的有效性,控制住了病情的发展,降低了重症率、死亡率。但是,在这些中成药走出国门时,却遇到了极大的障碍,无法获得很多国家医管系统的批准。这种理念上的差异将长期造成操作层面上的诸多困扰。

事实上,世界各地都有自己的传统医学、传统医疗技术。传统医学、传统医疗技术无法科学化的情况是一种普遍现象而非个例。现代医学的成功是事实,而传统医术的有效也是事实。判别哪种医学更具优势的标准应该是什么呢?是有效性,还是科学性?如果仅以科学性为判据,显然就陷入了削足适履的境况,为智者所不取。从医疗实践效果看,现代医学和传统医学在治疗不同病症方面各有千秋,互有短长,很难简单判断优劣。因此,简单地以支撑一门技术的知识体系是否符合科学来判断这门技术的优劣,是极为短视且可笑的举措。用科学来改造传统知识体系和传统技术既有很多成功案例,也确实有不成功的事实。对此,需要有更宽广的视野。

近代以来对于"科学"这一概念的认识已接近神化。在很多人的脑中已经形成了"科学=正确",而"非科学=错误"的思维定式。于是,原本一门知识的构成是否科学的问题,仅涉及其是否满足科学的几个性质,现在却变成了"是"与"非"的问题。如果一门学科不挂上"科学"的牌子,自己都会觉得见人矮三分,无以立足。但是中医之伟大,绝不在于其可以科学化,而在于其数千年来能够庇护斯土斯人生生不息,在各种疾病的侵袭下安然生活、繁衍在这片广袤的国土之上。与后者相比,科学这一概念实在无法为中医增辉。直至今日,依然有不少人在尝试把中医科学化,不断提出了一些新的理论。这种努力是否最终会有所成就,有待观察。也许更为可取的方式是,有一批研究者继续沿着传统中医学理论前行,毕竟人体的奥秘、生命的奥秘远远超出了现代科学的成果。最为重要的是应该确立如是观:医学、医术的本质是治病救人,如果科学的医学——现代医学,能做到这点,应该为之鼓掌;如果非科学的医学——传统医学也能做到这点,应该加以鼓励。作为一种实用性极强的学科,是否有一块"科学"的牌子在身上,绝非事情的核心。"科学"并不一贯正确,而"非科学"也并非等同于错误。特别涉及应用的场合——技术的领域,"致用"才是王道。

科学在工业革命中的作用:第一次工业革命

科学的伟力不仅显示在对传统技术的推进上,而且表现于在其理论的指导下，人类可以开发出全新的技术。对传统技术的改造，解决的是进步快慢的问题，是从"一"到"十"，再到"百"的问题；而创新全新技术，解决的是有无的问题，是从"零"到"一"的问题。两者孰轻孰重，不言而喻。在开辟全新技术方面，科学的成就不胜枚举，特别是从19世纪下半叶之后，这点尤为明显。

众所周知，科学革命发生于17世纪末叶，以牛顿的工作为标志，而第一次工业革命则发生在18世纪中叶，以瓦特完成对蒸汽机的改造为标志，两者间相差大约80年。但是现代科学技术史研究的结果显示，科学革命对第一次工业革命之影响颇为有限，推动第一次工业革命的力量主要是当时英国资本主义社会发展的内在需求，以及传统的技术工人、工程师的不懈努力。

第一次工业革命主要有三大产业技术革新，其标志性事件包括纺织工业中珍妮机的发明，动力机械中蒸汽机的改进，以及交通产业中蒸汽轮船与蒸汽火车的出现。珍妮机是1765年由英国纺织工哈格里夫斯（1710—1778）在偶然情况下所发明的。珍妮机的发明使得英国的纺织业生产效率得到有效提高，极大地提升了英国纺织业产能，降低了成本，使英国的纺织产品具备了全球范围的竞争力。

蒸汽机的起源颇为久远，源头已经不可考，但最终对蒸汽机完成改造，使之大规模应用成为可能，是英国工程师瓦特（1736—1819）。瓦特本人并未接受过完整的学校教育。1765年，瓦特完成了蒸汽机改造的原型机，之后在两位英国企业家的先后长期资助下，最终于1774年将自己设计的蒸汽机定型生产，1776年投入商业应用。蒸汽机的出现及普遍应用根本改变了英国工厂的生产方式，生产效率得到极大提升，为英国此后成为世界霸主奠定了物质基础。

蒸汽轮船的发明人是美国工程师富尔顿（1765—1815），他14岁就离开学校，走向社会。1793年，富尔顿就开始了制造蒸汽轮船的尝试，

瓦特蒸汽机的复制品

失败后暂时放弃。1806年,富尔顿重新启动制造蒸汽轮船,并于1807年获得成功,建造出了名为"克莱蒙特号"的蒸汽轮船。该船安装了一台当时最好的瓦特蒸汽机,第一次下水试航就用32小时完成了沿哈得孙河逆流从纽约到阿尔巴尼城的航程,而同样航程帆船则需要四天四夜。蒸汽轮船的出现显著提升了船运的运载能力,缩短了时间,降低了成本,拓宽了船运的适用航线。1838年,英国蒸汽轮船"西留斯号"完成了横跨大西洋的首航。至此,蒸汽轮船逐步成为海洋运输的主力,极大地扩展了海运的市场,成为西方全球市场开拓的利器。

蒸汽火车的发明人是英国工程师斯蒂芬森(1781—1848),其本人从未接受过学校教育。1810年,斯蒂芬森开始着手制造蒸汽机车,并于1814年获得初步成果。1825年,英国建成第一条铁路,第一次运行时蒸汽机车具有牵引30多节小车厢的能力,车厢载有450名乘客和90吨货物,车速达到24千米/小时。蒸汽火车的出现根本改变了陆路交通的运输状况,极大地降低了陆路交通的运输成本,扩展了工业地带的空间范围,加速了工业革命的发展。

第一条公共铁路与斯蒂芬森蒸汽机车

三大标志性事件对人类近代工业发展的作用极为重大,这点毋庸置疑。但是这些技术的发明者,推动这些技术发展的社会动力,都与当时的科学界关联甚微,没有一位接受过完整的系统教育、受到过科学训练。这点很容易理解,此时的英国没有义务教育体系,受到教会严重影响的教育也不会把科学当作教育的内容,这些发明家们只能通过个人的努力,在生产实践中学习、掌握各类技术。帮助他们完成新技术开发的方法,就是不断地针对所遇见的问题进行改进。这类技术开发流程与传统技术开发模式完全一致,就是简单的试错法,并无丝毫新意。因此,第一次工业革命中,科学家、科学知识所起作用可以近乎忽略。相反,可以看到的是在蒸汽机广泛使用的推动下,为了提升蒸汽机的热效率,热力学在19世纪得到了长足进步。可以说,热力学发展的主要动力之一就是为进一步提高蒸汽机的热效率所建立的科学理论。在这一时期,技术进步的需求推动了科学学科和理论的诞生与发展,这与现代人们所理解的"科学发展推动了技术进步"之图像完全不同。在这一时期,重大的技术发明大都产生在英国,或者受英国影响很大的美国,而此时的欧洲大陆国家对此的贡献却相当有限。但是,此时欧洲大陆的科学水平并不低于英国。出现这种状况的一种合理的解释是,英国盛行的经验主义思潮助推了英国的技术革新,推动了产业革命,而理性主义占据主流的欧陆国家,如法国、荷兰等,则对技术革新掉以轻心,缺乏作为。

1824年,法国学者卡诺(1796—1832)在热质说的基础上提出了著名的卡诺定理,明确给出了在给定温度范围的热机所能达到的效率极限,该定理在实质上等同于热力学第二定律。尽管热质说被此后的科学发展所抛弃,但卡诺定理依然成为热力学体系中最为重要的定理之一。19世纪40年代,德国学者迈尔(1814—1878)、亥姆霍兹(1821—1894)和英国学者焦耳(1818—1889)等人的工作确立了能量守恒定律,即热力学第一定律,他们的工作也使热质说破产。1848年,英国学者汤姆孙(1824—1907)根据卡诺定理制定了热力学温标。1850年和1851年,德国学者克劳修斯(1822—1888)和英国学者汤姆孙先后提出了热力学第二定律,尽管二人的表述各不相同,但在理念上是等价的。1850—1854年,克劳修斯提出了"熵"的概念。尽管这一概念最初产生于热力学,但其适用范围在此后不断扩大,成为今日众多学科中最为重要的基本概念之一。热力学第一定律和第二定律的出现使得两类"永动机"的不可实现有了科学定论。至此,正式形成了有关热现象的宏观物理学理论——热力学。

此时,人类对热现象的研究成果已达到了牛顿力学的水平,完成了热学的科学化,成为牛顿科学体系中的一个重要学科。19世纪50—80年代,从微观角度分析、解释热现象的理论,统计力学(或统计物理学)也由德国学者克劳修斯、英国学者麦克斯韦(1831—1879)和奥地利学者玻尔兹曼(1844—1906)等人发展了起来。这一建立在微观视角的理论,被证明能够与宏观的热力学理论完美一致。

至此,我们可以看出,这一时期科学的发展在很大程度上是在被动地因应技术发展所提出的问题而不是相反,科学理论对技术发展的引领作用尚未展现。因此,直到19世纪初期,科学对于产业技术的发展所起到的推动作用还相当弱小。科学家被认为是一些待在大学实验室为探究世界本质、发现自然规律而自娱自乐的人。虽然此时的科学家也会偶尔利用其专业知识帮助企业家解决一些技术问题,但这些行为并没被社会视为一种不可或缺的力量,科学研究活动只是个人兴趣。这种状况在第二次工业革命到来之际发生了巨大变化,正是从第二次工业革命开始,科学对产业技术进步的引领作用得到了充分的展示。

科学在工业革命中的作用：第二次工业革命

第二次工业革命主要在三大技术上引导产业变革,第一是电力电磁技术,第二是内燃机技术,第三是化工技术。这三大技术对应的科学学科分别是电磁学、热力学和化学。

与热力学发展几乎同时,电磁学也在18—19世纪得到了极大的发展。人类对电磁现象的认知颇为久远。据说数千年前的埃及人就已知道有电鱼,古希腊学者也对摩擦生电有过记载。中国汉代著作《论衡》中已提到"司南",而在宋代中国已经有了利用磁性制备指南针的文字记录。但人类真正开始认知电磁这类现象,是18世纪之后的事情了。1752年,美国学者、政治家富兰克林(1706—1790)通过著名的费城电风筝试验,确认了天空中的闪电是一种电现象,得出云中充满了电的结论。1785年,法国学者库仑(1736—1806)发现了带电物体相互之间产生吸引力或排斥力的库仑定律。1800年,意大利学者伏特(1745—1827)发明了人类历史上第一个电化学发电器——伏特电堆。从此,人类有了获得稳定电力输出的装置,为进一步开展对电磁现象的研究奠定了坚实的技术基础。1820年,丹麦学者奥斯特(1777—1851)发现当伏特电池与铂丝相连时,靠近铂丝的小磁针会改变指向,确认了电流对磁针会产生作用。1826年,德国学者欧姆(1789—1854)发现了欧姆定律。1831年,英国学者法拉第(1791—1867)首次发现电磁感应现象,并进而得到

奥斯特发现电流磁效应

了产生交流电的方法,制备了第一个圆盘发电机。19世纪50—70年代,英国学者麦克斯韦不断总结、发展电磁学的理论,最终在1873年出版了其名著《电磁理论》,系统、全面且完美地阐述了电磁场理论,标志着经典电动力学的诞生。电动力学在理论上预言了电磁波的存在,将可见光归之于一种特定波长的电磁波,极大地提升了人类对于电磁现象、光学现象的认知水平。1887年,德国学者赫兹(1857—1894)通过实验验证了麦克斯韦所预言的电磁波之存在,打开了无线电技术的大门。

在人类对电磁现象的知识快速积累的过程中,对于电磁技术的应用几乎同步开展。1839年,在英国最先出现了首条真正投入使用营运的有线电报线路。1854年,美国人戈贝尔(1818—1893)制成了首个有实际效用可持续使用400小时的电灯。1866年,德国人西门子(1816—1892)研制出了用于军事目的的直流发电机。同年,首条跨越大西洋的海底电报电缆投入使用。1873年,比利时人格拉姆(1826—1901)发明大功率电动机,电动机从此开始大规模用于工业生产。1875年,巴黎北火车站建成世界上第一座火电厂。1876年,美国人贝尔(1847—1922)发明电话。1879年,美国旧金山实验电厂开始发电,它是世界上最早出售电力的电厂。19世纪80年代,英国、美国建成了世界上第一批水力发电站。电力的出现在极短的时间内就对人类的生产和生活产生了巨大影响。1879年的由电力机车牵引的客运列车和有轨电车，1880年的垂直升降电梯、电风扇和持续亮1200个小时的电灯，1882年的无轨电车，1888年的早期电影，1889年的电影摄影机，1891年的活动电影放映机，1895年的无线电电报技术，1896年的磁性录音机原型机，1899年的无线电电报跨英吉利海峡传送，1900年的矿石收音机，1904年的真空电子二极管，1906年的真空电子三极管与电子管收音机，1910年的电冰箱、电动洗衣机和有声电影，20世纪初的机床动力电气化，等等。就在短短三四十年间，电力电气工业的技术创新犹如雨后春笋，层出不穷。

电力电气的应用极大地改变了人类的生产、生活方式，成为第二次工业革命的最重要的动力。电力在很多领域成功地取代了蒸汽机，成为人们所广泛使用的动力系统；多种全新的电气设备在民众的日常生活中开始逐步普及，极大地提高了人们的生活质量；无线电技术的发明从根本上改变了人类信息传递的方式，直至今天依然对产业技术进步起着极为重要的作用。其中，无线电技术是一个典型的在科学理论指导下的技术发明。如果没有麦克斯韦方程组所预言的电磁波，只凭借经验摸索，无线电技术的出现很可能遥遥无期。可以说，没有相关的物理学研究成果，就不可能有起自于19世纪的电力电气工业革命。科学在电力电气工业革命中扮演了重要的不可或缺的角色。科学不再仅仅是被动应对技术发展的理论体系，而开始成为引领技术创新的理论纲领。这种变化的历史意义极为深远。

第二次工业革命的另一个重要技术领域就是内燃机的发明与广泛使用。热力学在推动这一技术的发展过程中起了重要的作用。18世纪末叶到19世纪上半叶就已经有学者对内燃机的原理进行了研究，但始终没有真正的技术产品将之实现。1860年，法国工程师勒努瓦（1822—1900）模仿蒸汽机的结构，设计、制造出第一台实用的煤气内燃机，其热

早期的戴姆勒摩托车

效率为3%左右。1876年,德国发明家奥托(1832—1891)设计并制成第一台往复活塞式四冲程煤气内燃机,将热效率提高到12%。奥托内燃机很快得到推广,并将勒努瓦内燃机完全淘汰。同时,奥托内燃机的性能也在逐步提高:1880年,单机功率达到11—15千瓦;1886年,热效率达到15.5%;1897年,热效率已达20%。1883年,德国发明家戴姆勒(1834—1900)成功研制出第一台汽油内燃机,并于1885年制造了世界上第一辆摩托车,次年制造出第一辆用汽油内燃机驱动的汽车。1885年,德国工程师本茨(1844—1929)获得了三轮机动车的德意志专利权。1893年,德国发明家狄塞尔(1858—1913)制成了世界首台四冲程柴油发动机。汽油、柴油、天然气和煤气成为内燃机的主要燃料,其中汽油与柴油尤为重要。

内燃机具有体积小、动力强、启动快、适用场合多等多种优点,一经出现就迅速打开了市场,得到快速普及。今天,各种类型的汽车、拖拉机、农业机械、工程机械、小型发电机等大都以内燃机为动力源,火车的机车也部分使用内燃机,各种民用、军用船舶也将内燃机作为主要动力源,进而取代了蒸汽机,内燃机的出现为航空器的制造提供了动力支持,没有内燃机就不可能有各类飞机。目前内燃机的全球保有量在动力机械中居首位,其对现代人类生产、生活的重要性不言而喻。内燃机的广泛使用导致人类对燃料的需求产生重大改变。最初人类使用最广泛的燃料是木材，在第一次工业革命之后，煤炭成为最重要的固态化石能源，而在第二次工业革命之后，石油、天然气等液态、气态化石能源成为能够左右国家发展的最重要的能源资源。正是在内燃机技术的基础上，形成了今天的汽车和航空这两个极为重要的产业。新型化石能源的广泛使用对20世纪之后的全球地缘政治产生了重大影响，此后世界发生的多次重大事件都与争夺这些资源有关。同时，石油、天然气、煤炭等化石资源的开发也成为推动化工产业的发展主要动力，而化工产业也成了第二次工业革命中的一个重要角色。

在谈化工产业前，不得不先回顾一下化学的历史，因为化工产业的发展与化学学科的发展有密切关系。化学的早期起源可以追溯到古代炼金术、炼丹术。到了18世纪，化学开始科学化。法国学者拉瓦锡（1743—1794）在1778年发现并命名了氧气，确认了燃烧的本质是氧化反应，从而彻底推翻了已盛行了百年之久的燃素说。拉瓦锡与他人合作，设计了一套简洁的化合物命名法，其中的很多原则加上后来瑞典学者贝采利乌斯（1779—1848）的符号系统，形成了沿用至今的化学命名体系；之后拉瓦锡总结了自己做的大量的定量试验，证实了质量守恒定律，成为独立于俄罗斯学者罗蒙诺索夫（1711—1765）而发现这一定律的人。1789年，拉瓦锡发表了《化学基本教程》，系统阐述了其工作，这本著作被视为化学发展史上划时代的作品。英国学者道尔顿（1766—1844）于1803年提出了原子论，这一学说继承了古希腊朴素的原子论和牛顿的微粒说，其要点为：① 化学元素由不可分的微粒原子构成，在化学反应中原子不可进一步分割；② 同种元素的原子性质和质量都相同，不同元素原子的性质和质量各不相同，原子质量是元素基本特征之一；③ 不同元素化合时，原子以简单整数比结合，并可以用实验证明之，此即倍比定律。原子论的出现极大地深化了人们对物质构成、化学反应的实质之认识，开辟了化学的新纪元。1806年，贝采利乌斯提出了

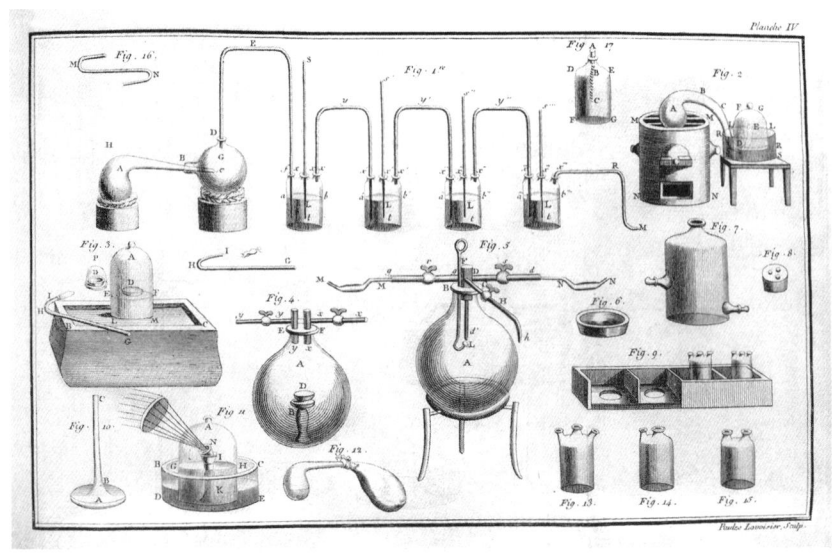
拉瓦锡夫人玛丽·波尔兹为《化学基本教程》绘制的插图

"有机化学"的概念，它成为此后这一学科发展的起点。1869年，俄国学者门捷列夫（1834—1907）发表著作《化学原理》，公布了其发现的元素周期律，并据此构建了元素周期表。此表中有多个位置空缺（代表存在多种未知元素），同时有些元素的质量明显偏离其位置应有数值。据此，门捷列夫大胆预言了多种未知元素的原子量与化学性质。此后的一系列研究显示，门捷列夫的预言完全正确，多种新元素被发现，一些元素的质量被更精确的测量所修正。

正是化学基础研究的成果催生了化工产业，并加速其发展，造就了19世纪中后期的化工技术革命，主要表现在以下几个方面。

（1）化肥工业的诞生。1828年，德国化学家维勒（1800—1882）首次用人工方法合成了有机物尿素，而此时人们对尿素的作用还不甚了解。1838年，英国人劳斯（1814—1900）用硫酸处理磷矿石，制成了磷肥，磷肥为世界上第一种化学肥料。1840年，德国学者李比希（1803—1873）发表了《化学在农业及生理学上的应用》。在此后的30年里，李比希用实验方法证明了：植物生长需要碳酸、氨、氧化镁、磷、硝酸，以及钾、钠和铁的化合物等无机物；人和动物的排泄物，只有转变为碳酸、氨和硝酸等，才能被植物吸收。李比希的工作为化肥的研发奠定了理论基础，开启了传统农学科学化之先河。1850年，李比希发明了钾肥。1850年前后，劳斯又发明出氮肥。1909年，德国化学家哈伯（1868—1934）与博施（1874—1940）合作发明了"哈伯-博施法"，即通过氮气及氢气产生氨气的方法，解决了氮肥大规模生产的技术问题。化肥的发明和使用有效地提高了农产品的产量，为解决人类的食品问题提供了重要的技术保障。

（2）人工合成染料。自古以来人类就在使用天然物质作染料。自炼焦工业发展后，从副产品煤焦油中分离出了苯、萘、蒽等芳烃化合物，为合成染料提供了原料，染料生产逐渐发展成为一个独立的产业。1856年，英国化学家帕金（1838—1907）在实验中意外地发现并获得一种紫色染料——苯胺紫。1857年，苯胺紫投入生产，这标志着合成染料工业的开端。1868年，德国化学家格雷贝（1841—1927）和利伯曼（1842—1914）合成出茜素。1880年，德国化学家拜尔（1835—1917）注册了合成靛蓝的专利。1901年，德国化学家博恩（1862—1922）合成了蓝色染料——阴丹士林。这些化合物是合成染料工业发展中三个里程碑式的发明，导致了一场有关化工技术的革命。到了20世纪，合成染料迅速发展，生产品种增多，产量剧增，基本取代了天然染料。合成染料除用于纺织品印染外，还广泛应用于造纸、塑料、皮革、橡胶、涂料、油墨、化妆品、感光材料等领域，成为一类重要的化工产品。

（3）制药工业的诞生。药品生产是从传统医药开始的，后来演变到从天然物质中分离、提取天然药物，进而逐步开发和建立了化学药物的工业生产体系。19世纪中，药学家先后从传统的药用植物中分离得到纯的有效化学成分，如那可丁（1803年）、吗啡（1805年）、奎宁（1820年）、烟碱（1828年）、阿托品（1831年）、可卡因（1855年）等。这些有效成分的分离为化学药品的发展奠定了基础。19世纪中还先后出现了一批化学合成药,如乙醚(1842年)、索佛那(1888年)、阿司匹林(1899年)等。进入20世纪后,新型的化学合成药物的种类显著增加,可医治的疾病种类也逐渐增多,疗效增进,对提高人类生活质量、延长预期寿命起到了极大的促进作用。

(4)安全炸药的发明。最早的火药是古代中国发明的,但其威力有限。从18世纪起,一些新型炸药被发明出来,如苦味酸(三硝基苯酚,1771年),硝化纤维(硝化棉,1838年),硝化甘油(1846年)。威力巨大的硝化甘油在安全性上有很大问题。1862年,瑞典人诺贝尔(1833—1896)经多年研究后发现了引爆硝化甘油的原理,最终解决了硝化甘油炸药生产的安全性问题。1863年,威尔勃兰德(1811—1894)发明了梯恩梯(TNT,三硝基甲苯),这是一种威力很强而又相当安全的炸药,即使被子弹击穿一般也不会燃烧和起爆,成功地取代了苦味酸。1884年,法国化学家、工程师维埃耶(1854—1934)最先发明无烟火药,为马克沁重机枪的发明创造了枪弹方面的条件,使之具备了实用价值。1899年,德国人发明了黑索今(环三亚甲基三硝胺),一种威力超过梯恩梯的爆炸力极强的炸药。在原子弹出现以前,黑索今是威力最大的炸药。这些炸药的出现对改变人类的战争形态起到了极大作用,对建筑工程、采矿工程等也起到了促进作用。

综上所述,化学工业的发展对人类的生产、生活方面的影响极为深远,丰富多彩的化工产品在工业生产、日常生活当中有着极为广泛的应用场景,成为第二次工业革命中最重要的一个领域。

推动科学向技术渗透的社会因素

在第一次和第二次工业革命中,科学所起的作用确实有重大差别。事实上,这种现象的出现并非偶然,而是西方社会发展以及一些学者努力的结果。

1810年，德国学者威廉·冯·洪堡（1767—1835）主持建设了世界上第一所研究型大学——柏林洪堡大学（柏林大学），改变了西方传统大学长期沿袭修道院教育，以培养教师、公职人员或贵族为主，对开展研究工作不甚重视的传统，强调大学的教学应与研究相结合，第一次把科学、技术研究作为大学的主要职能。自19世纪后，德国学者在科学、技术的各个领域，展现出强大的进取精神，并取得了令人瞩目的成果，极大地推动了德国的新兴产业发展。正是由于这种变革因应了此时德国工业发展的强烈需求，使得德国从19世纪上半叶开始逐步成为西方科学与技术发展的重镇、第二次工业革命的策源地之一，为德国工业在19世纪末叶赶超英国起到了重大推进作用。德国学者在应用科学知识解决技术问题方面取得了众多成果，它们在第二次工业革命中得到了充分展现，为世人所瞩目。可以说，没有19世纪的科学进步，就不可能发生第二次工业革命。而在这个过程中，研究型大学所起的作用不可忽视。在这种成功模式的引领下，西方各国的大学纷纷效仿，使得这种教学与科研结合的办学方式成为现代世界各国大学的常态。技术的科学化，以及科学为技术发展服务，已然成为潮流。正是在这一背景下，19世纪下半叶，科学的重要性开始得到西方社会的普遍认可，科学家的地位稳步上升，科学研究活动从少数人的个人兴趣变为一种有益于国家、有益于社会的公共事业。推动科学事业、培养科学家成为国家与社会的职责。

在这一时期，社会上又产生了一种新型的技术研发机构。最有代表性的就是由美国发明家爱迪生（1847—1931）于1876年创建的门洛帕克实验室。该实验室已经不再是某个发明家单打独斗地从事某项技术研发，而是多领域专家展开合作，共同推动技术创新。实验室中有图书馆、绘图室、木工车间、锻造车间、机械车间，以及各类仪表、器械和各种化学药剂，是当时世界上装备最精良的私人工业实验室。实验室在高峰期曾雇佣200余人，每周工作6天，每天至少10小时，甚至有人忙到深夜睡在实验室。爱迪生一生名下拥有专利数以千计,这些新发明并不是爱迪生一人独立完成的,新的技术开发模式之贡献巨大。新模式导致新技术开发的效率获得极大的提升,新技术开发的主导权也从此前以个人兴趣为中心的小作坊模式,进入了以企业产品开发需求为中心的工业化生产模式。

科学化的技术对社会之冲击

19世纪是科学大发展的时代,同时也是技术科学化加速的时代。在这一时期,科学家们自觉地利用其所掌握的科学知识,系统地对人类所积累的各种技术进行了科学化,将支撑这些技术的知识体系纳入了科学统领的范围。大量的传统技术完成了科学化,成为"科学的技术"。同时,科学也催生了一大批全新的技术。在科学的指导下,这些技术得到了长足的进步,并对社会发展造成了全面的冲击。这点在第二次工业革命过程中表现得尤为显著。

第一,在第二次工业革命中有突出成就的人很多都有良好的教育背景,受到过系统的科学、工程训练。发生工业革命的领域都与当时快速发展的科学学科有很密切的关系,科学对第二次工业革命的推动作用极为显著,甚至可以说,没有19世纪的科学进步,就根本不可能发生第二次工业革命。在这个过程中,新型研究型大学所起到的作用不可忽视。重视教育,特别是大学教育,成为参与国家竞争的必要条件。

第二,由于科学在这次社会变革中的重大作用,社会开始对科学抱有极高的期许。在自然科学发展的示范下,一大批社会学科也开始了"科学化"的过程,试图建立起各自学科的"科学体系",在科学的指导下重新审视人类文明,构建出新的人类社会理想图景,用科学的方法解决人类社会所面临的各种问题,建设理想的人类社会。代表这种思潮的"科学主义"认为,科学的发展可以帮助人类、指导人类解决所面临的一切问题。在这种背景下,作为支撑科学发展的理性也得到超乎寻常的地位,成为评判人类各种行为的最重要的判据,获得了崇高的地位。

第三,与第一次工业革命的策源地主要集中于英国不同,推动第二次工业革命发生的科学与技术产生于多个国家,很多国家的学者、工程师都对这次工业革命有贡献,而美国和新生的德国取代英国成为这次工业革命的主要推动者,其结果是,在世纪之交,这两国的工业水平都开始超越英国。

第四,第二次工业革命改变了多个国家的国际地位,原来雄踞世界霸主地位的英国在这次工业革命中发展速度相对落后,导致其与美国、德国的国力水平逆转,进而引起了欧洲内部对现有状态的严重不满。新强国开始在全球范围挑战传统强国,国家间的冲突不断加剧,最终引发了20世纪上半叶的两次世界大战。

第五,这次工业革命进一步加剧了工业化国家与其他地区和国家之间的力量差距,使得这些工业化国家获得了更大的优势。这种经济优势、技术优势、军事优势进而演化为思想、文化上的优势,使这些工业国成了仍处于农业文明的国家的学习榜样。

第二次科学革命:触发新一轮技术创新

科学对技术进步展现出巨大的推动作用,始现于19世纪下半叶的第二次工业革命。在进入20世纪后,这种推动作用没有任何衰退迹象,反而得到了进一步加强。这主要得益于20世纪上半叶所发生的第二次科学革命,它为开创全新的产业技术领域开辟了更为广阔的天地。

第二次科学革命的主要标志是物理学革命。在传统物理学家看来,19世纪是物理学从胜利走向胜利的时代。英国著名的物理学家汤姆孙在1900年的新年祝词中讲到,物理学的大厦即将完工,经典的力学、热力学、电磁学都日益成熟、完备,此时仅仅剩下了"两朵小小的乌云"。这里,第一朵乌云指的是此时物理学家们无法通过实验检测出以太这种物质的存在。1887年,美国学者迈克耳孙(1852—1931)和莫雷(1838—1923)发表了他们利用迈克耳孙干涉仪所进行的精密实验,结果发现没有任何迹象显示,在相互垂直的两个方向上光速是有所差异的。而按照经典物理学的理论,在以太中传播的电磁波,其速度在相互垂直的两个方向上必然有所不同。以太的不可检测成了当时物理学中的一个难题。如果没有以太,那么在经典物理学体系内就无法给出电磁波传播的合理解释。第二朵乌云则是指,经典物理学无法对不同温度下黑体辐射的光谱强度给出符合实验结果的理论解释。实验结果显示,在低温情况下,黑体辐射的光谱满足经验关系"维恩位移定律";在高温情况下,则满足另一经验关系"瑞利-金斯定律"。对于"瑞利-金斯定律",人们可以利用经典物理理论加以解释,但对于"维恩位移定律",经典物理理论则完全无能为力。传统物理学家认为,"两朵小小的乌云"终将在牛顿物理学的框架内得到解决,未承想它们带来的却是经典物理学大厦的倾覆。第一朵乌云导致狭义相对论的产生,颠覆了牛顿体系的时空观;第二朵乌云导致量子力学的诞生,给经典物理理论中的机械论、决定论等观念予以沉重打击。两者一起构成了20世纪初所兴起的物理学革命之核心。

1900年,为了解释黑体辐射的全光谱实验结果,德国学者普朗克(1858—1947)不情不愿地在其理论中引入了"能量子"的概念,从而开创了量子论的先河。能量子的概念完全突破了经典物理中能量可以连续变化的设想,提出了能量存在最小的分立单元。当时的普朗克并没有完全认识到自己工作的重大意义,在他看来,这只是在其他方法都失败后的一个不得已的选择,是一个近乎数学游戏的解决方案。可是,就是这样一个举措,拉开了量子时代降临的序幕。此后,在爱因斯坦(1880—1952)、玻尔(1885—1962)、玻恩(1882—1970)、德布罗意(1892—1987)、薛定谔(1887—1961)、海森伯(1901—1976)、泡利(1900—1958)、狄拉克(1902—1984)等一大批学者的共同努力下,一门建立在科学实验与抽象理论思维基础上的、完全脱离人们日常生活经验的全新学科——量子力学——出现了。

在量子力学理论体系中，微观粒子的运动规律迥异于人们日常经验中对宏观物体运动的描述，构建出一个非决定论的概率世界。在微观世界中，微观粒子同时具有波动性和粒子性。不测量时，微观粒子的位置、能量都是不可知的，但测量本身会改变微观粒子的运动状态，是影响微观粒子状态的要素之一。所以，对于一个微观粒子而言，不存在传统意义上的"客观状态"，其运动状态与观察者的测量方法密切相关，既可以是"波"，也可以是"粒子"，不再是完全独立于观察者的"客观"事物的了。对于大量的微观粒子而言，其运动满足特定的统计规律，但具体到某一个粒子时，其运动展现出高度的不确定性，完全不能给出明确的"轨迹"。在经典物理学中，物体运动一定会有确定的轨迹。量子力学理论与经典物理学大相径庭，是如此不可思议，以至于物理学家在很长时间里都无法理解量子力学中各种公式的真正含义。为此，几位对量子力学的创建有过重大贡献的学者也曾质疑过这一理论的意义。直至今日，我们也不能说有关量子力学的争论已盖棺论定。

尽管如此，任何人都无法否认的是，量子力学的出现直接催生了半导体技术、光电子技术、超导技术、量子计算、量子通信等一系列全新的技术领域。正是在这些技术的基础上，微电子产业、光伏产业、LED产业、平板显示产业等才得以出现。这些产业，对今天的乃至未来的人类生活，都极为重要。

1905年，爱因斯坦为保证麦克斯韦方程组在惯性坐标系中的协变性而创建了狭义相对论，彻底重构了牛顿所构建的时空观，开辟了人类认识世界的全新视角。在狭义相对论的体系中，有两个基本出发点：第一个是相对性原理，即所有物理学定律在惯性坐标系中具有相同的形式；第二个是光速不变原理，即在所有的惯性坐标系中，光速是一个常量。由于光速不变原理，以太就丧失了存在的必要，也就很自然地可以解释迈克耳孙-莫雷实验的结果。在牛顿物理学体系中，时间、空间具有绝对性。时间是一个均匀流逝的连续量，是独立于空间和物质世界的存在。对于所有观察者，无论他们的速度或位置如何，时间的流逝都是相同的。同样，空间也是一个均匀且不变的连续量，它是独立于物质世界的存在，空间可以无限延伸，不受物质的影响。时间和空间是完全分离的实体，时间的流逝不受空间位置的影响，反之亦然。而在狭义相对论中，时间-空间不再是相互独立的物理量。处于不同运动状态的坐标系中，观察者看到的时空关系是不同的。此时，时间、空间丧失了其绝对性。毋庸讳言，牛顿的时空观更符合人们日常生活中所体验到的时空关系。但是在科学实验的验证下，物理学必须对经典的时空观进行一场革命，建立起超越日常经验的全新时空观。

从物理学理论发展的角度看，狭义相对论的产生使得物理学理论自身更加完美、和谐。而经典的牛顿体系，可以被视为物体在低速运动情况下狭义相对论理论的一个特例。作为狭义相对论理论的一个"小小的"推论，爱因斯坦用了一页纸推导出了其著名的质量-能量关系式：$E = mc^2$（E：能量；m：质量；c：光速），昭示了物质中所储存的巨大能量，也解释了为何恒星拥有如此巨大的能量，可以在太空燃烧数十亿年，甚至上百亿年，尽管当时没人知道如何从物体的质量中释放出这一能量为人类所用。

经过科学家和工程师的不断努力，终于在1945年通过核裂变而获得了核能，发明了原子弹。1952年，美国又用原子弹作为起爆剂，制造出了基于核聚变反应的氢弹。此后，人们利用核裂变原理，开发出了多种受控核反应堆，为人类提供全新的核动力。作为武器的原子弹、氢弹成了世界上几个核大国相互威慑的战略武器。在核武器的威慑下，第二次世界大战后，大国之间再也没有爆发直接的军事冲突，形成了"恐怖的和平"。核动力舰、艇可以长期滞留海上,进而也成了大国海军纵横四海、保持威慑的撒手锏。此外,核能技术的出现为原子能发电站提供了基础。当前,世界各国都极为重视环境保护,可控核聚变技术更是被人们期望成打开人类进入清洁能源时代之门的金钥匙。

综上所述,第二次科学革命之发生有其学科发展的内在原因,但其结果最终极大地影响了此后几十年,甚至上百年世界技术进步的方向与步伐,充分彰显了科学进步对于促进技术进步、产业进步的巨大作用。可以说,新科学革命不但标志着人类认识世界的水平达到了新的高度,也极为深刻地推进了人类自身的生产方式、生活方式、社会组织方式的改变,成为人类社会发展的一个重要动力源。

技术进步对科学的影响:推动产生新学科

技术进步促进科学研究发展,甚至导致新学科诞生的实例也有很多。19世纪,西方学者在晶体学研究方面取得了众多成果,但始终无法证实"晶体是由原子有序堆垛而形成的"这种说法。20世纪初,人们终于掌握了X射线的相关知识,制备出了X射线衍射仪。借助这种仪器,科学家终于有了确定晶体结构的技术手段,并在此基础上创建了X射线晶体学这一全新的学科。X射线衍射技术的出现在众多领域改变了科学研究的发展状况。20世纪50年代,英国学者正是借助于这种衍射技术,确定了脱氧核糖核酸(DNA)的双螺旋结构模型,奠定了分子生物学这一全新学科的基础。又如,近代发展起来的射电天文学,就是建立在微波探测技术的发展之上的。没有高灵敏度的微波探测器,就不可能出现这样一个新学科。类似的实例极多,就不一一列举了。

19世纪以来,科学对于技术发展的指导作用、促进作用是事实,而技术的进步直接导致一大批全新科学学科的诞生也是事实。科学与技术在很多领域都形成了相辅相成、相互促进的密切关系。

新技术催生的产业革命

20世纪中叶,在第二次世界大战之后,第三次工业革命拉开序幕。以计算机为代表的新技术、新产业蓬勃发展,特别是微电子产业的出现,给工业生产、日常生活带来了诸多革命性影响,很大程度上改变了战后世界的格局。在这个过程中,科学对相关新兴产业的促进作用极为显著,可以说没有20世纪的物理学革命,第三次工业革命就根本不会发生。近年来,所谓第四次工业革命的说法甚嚣尘上,其核心是以人工智能为基础的智能化。在无线网络的支撑下,全社会形成了覆盖生产、生活等方方面面的由智能参与及控制的网络,促使今天的工业生产、产业服务、生活服务等更为方便、有效,成本也更为低廉。这一过程一方面有赖于微电子产业所建立的物质基础,一方面是一系列新学科推动的结果。总之,20世纪以来,科学在推动产业技术进步、催生新型产业技术方面的作用日渐显著。这也成为国家和全社会对科学研究更为重视的基本原因。与此同时,关于技术进步对人类社会的利弊之辩不绝于耳、连绵不断,有时甚至相当激烈。但这种辩论已超出本文所关注的问题范围之外,故不做讨论。

科学发展并非技术发展、产业发展的唯一动力

科学的进步直接催生出全新的产业和技术,这一现象在近200年的历史中不止一次发生。这些新产业、新技术有可能颠覆此前的世界经济格局,改变国家间的实力差距。这也是近100多年来世界各国都把基础科学的研究视为国家战略的最重要的原因。于是,人们很容易得出其内在的逻辑关系是:科学进步→新技术产生→新产业产生→经济发展、国力提升。但是,上述逻辑关系中存在一个重大的缺陷,即忽略了新产业出现的其他的可能路径。事实上,只要稍微考察一下现代新产业的发展史，就会发现，除科学进步推动新产业产生外，多种现有技术的发展与组合也是新产业产生的路径之一；并且有些新技术的产生可能与科学进步毫无关联。

举个例子，近年来新能源汽车成了引人注目的新产业，对传统燃油车产业造成了严重冲击，极有可能改变世界汽车产业的格局。如果仔细考察就可以发现，这一产业相关的科学理论都已相当成熟，至少已有数十年乃至上百年的历史。现在公认的电动汽车有三大电系统，即电池、电机和电控系统。电池技术依据的是电化学理论，此学科的诞生通常以法拉第电解定律的建立为标志，该定律发表于1834年，学科的基本理论在20世纪中叶已经相当完善；电机的科学基础也可以追溯到法拉第的工作，第一台电动机发明于19世纪30年代，而在新能源汽车兴起之前的数十年中，电机产业技术就已经相当成熟；电控系统的出现是伴随电力应用而产生的，时间超过百年，在新能源汽车领域的电控技术进步主要是应用层面的进步。因此，从学理角度上讲，电动汽车的产生条件在百年之前就已具备。其实，早在内燃机汽车出现之前，就有人利用当时的技术制备了电动汽车。只不过那时的电池性能不佳，导致早期的电动汽车很快就被市场淘汰了，最终形成了内燃机汽车独大的局面。由此可见，今天电动汽车产业的成功并非科学进步的结果，而是多种相关技术进步的结果，其中最为关键的就是电池技术的进步。推动现有技术的研发，解决关键技术问题，也是产生新产业的途径之一。

事实上，要取得科学上的新突破，特别是足以开辟新产业技术的科学突破，是一件极为困难且可遇而不可求的事。近年来，获得诺贝尔奖的各项工作，真正能够称得上颠覆性的科学突破的并不多，多数为技术上的突破。诺贝尔奖事实上日益成了技术进步奖，而这正说明了"科学"与"技术"之间的现状，即技术的发展状况优于科学的发展状况。当然，这些技术确实也都是"科学的技术"，因此挂在科学名下也似无不妥。

再举一个例子,即中药产业的发展。21世纪以来,这一产业得到了人们的普遍认可,其规模在不断扩大,甚至在世界范围内形成了一定影响。但值得注意的是,这种产业的发展与科学研究之间的关联度近乎为零,各类现代中药的研发依然依据的是传统中医药理论,而非科学化的中医药理论。极而言之,这一产业的发展仅使用了一些科学的技术而已,并未根本改变中医药学的性质。就实质而言,中药产业兴起的本质是中医技术有效性提升的结果,与中医学的科学化进程关联度甚低。

总之,随着第二次工业革命的展开,科学对推进技术进步、催生新产业的作用有目共睹,科学的发展对人类社会演变所起到的重大作用不容置疑。但是,科学并非推动人类社会技术进步的唯一动力,无论从人类发展的长期历史来看,还是今天正在发生的产业格局的变化来看,都可以发现在没有科学的时代和在科学发展陷于停滞状态的时期,产业技术仍有进步的空间,即仅依靠科学的存量,技术依然具有很大的发展空间。那种认为只有科学的发展(科学的增量)才能引领技术的进步,科学发展主导技术进步的观点是站不住脚的。

在谈论科学时,人们经常将科学成果与科学研究活动混为一谈,其实两者差异甚大:前者是科学研究的结果,是积累,是存量,具有高度的确定性;后者是动态的行为,目的是寻求科学的增量,具有极大的不确定性。科学成果必然来自科学研究活动,但这些成果一旦形成,就会脱离科学研究活动,成为相对稳定的科学知识。此时,人们完全可以通过学习而掌握这些既成的科学知识,无须重复获取这些知识的过程,即具体的科学研究活动。今天的人们可以在中学阶段就学习到有关生物遗传的知识,知道DNA是遗传信息的载体,并依据这些知识对动植物进行遗传改性,培育新品种。大多数人并不需要了解生物学家具体采用何种手段,使用什么方法,最终获得了这些成果。技术的进步有赖于存量知识，包括经验知识和科学知识；技术的革命有赖于科学的重大突破，有赖于知识的增量。忽视科学研究，意味着放弃了未来；忽视基于现有知识的技术研发，就意味着失去当今。没有当今就不可能有未来。只有搞清楚这些关系，才可能更为主动地从宏观上把握一个国家产业技术进步的节奏，在全球竞争中立于不败之地。

中国对科学的接触与认知

虽然鸦片战争后，中国在西方列强的逼迫下打开了国门，但总体说来，此时中国与西方的往来仍非常有限。19世纪60年代，在一批颇有见识的清政府汉族地方大员的主持下，中国开始了洋务运动，着手向西方学习，但洋务运动主要还是一种上层社会运动，对于中国社会的整体影响有限。此时，中国社会依然在传统的农业文明轨道上颠簸而行，固守着传统思想、制度的藩篱。对于中国社会的统治者而言，学习西方不过就是学习西方的技艺、器物，"师夷之长技以制夷"，"中学为体，西学为用"，目的是保证中国传统社会的安稳。在甲午战争中，中国居然兵败于海外蕞尔小国日本。至此，中国的先进知识分子们终于认识到中国与西方的差距是全方位的，并不是仅仅在于器物层次的落后，进而开启了向西方深度学习的历程。

日本明治维新的成功自然成了中国模仿的对象，中国引进了大量经过日本之手的西方文明。这一时期恰逢第二次工业革命的高潮，西方的科学主义高扬。中国在这种状况下大规模接触西方世界，通过对比自然发现在各方面此时的西方国家都比中国更为优异，因而很自然地把中国落后的根源归结为中国没有科学。于是，将科学视为中国走出传统社会、建设现代社会的关键，就成为当时中国先进知识分子们的共识之一。

在第二次工业革命的背景下，科学与技术产生了高度捆绑，世人将"科学"与"技术"视为一体，创造出了"科学技术"一词，进而简化为"科技"，直接将认识世界（科学）与改造世界（技术）这两件事混为一谈。认识世界的途径并不仅有科学,且科学提供的世界图像也并不一定总是正确的,人们应该给技术留下单独的空间,适当保留在非科学的知识体系下审视世界、进行技术开发的余地。很遗憾,这种特定时代条件下所产生的误解至今依然没有消除,甚至还有所加强,对今天中国社会的科学与技术的发展产生着巨大影响。

何谓"科技人员"

"科技人员"在今天的中国是一个高频词。但遗憾的是,几乎很少有人对这个词的含义进行过认真的考察。在搞清楚科学与技术的关系之前提下,明晰"科技人员"的含义是很有必要的。

科学和技术是两件不同而又有关联的事,"科技人员"的本义应该是专指从事科学和(或)技术工作的人员。也就是说,科学与技术可以是分离的,即专门从事科学工作的人员以及专门从事技术工作的人员;也可以是两者兼顾的,即同一个人既从事科学工作,又从事技术工作,身兼两类性质的工作。因此,"科技人员"实际上指称的是三类人员:① 专业科学工作者;② 专业技术工作者;③ 科学与技术兼顾者。

一些极端的科学工作者,如一些理论家,有可能对相关的技术工作完全外行,他们能够理解科学实验的结果,能够通过理论解释,甚至预言实验的结果,但是对实验的具体技术过程完全不知道。爱因斯坦的广义相对论预言了引力波的存在,但是爱因斯坦并不具备通过实验来验证这一理论的能力,也从来没有提出过一个实验方案来探测引力波。原因很简单,爱因斯坦并非相关检测技术领域的专家,并不掌握相关技术。因此,在现实世界中确实可能存在着一些纯粹的、与技术无关的科学工作者。

而对于专业的技术工作者又可以分为两类:一类是具有科学背景的技术工作人员,另一类是没有科学背景而基于经验的技术工作人员。

今天受过系统教育的技术人员大都可以归为第一类,像高校培养的大批科班出身的工程技术人员都有相关的科学教育背景,都可以归于这一类。这些人虽然有着科学教育的背景,但从事的工作完全是技术开发与应用,与科学研究所要求的发现新现象、新规律无关,充其量就是既有科学知识的使用者。学校里学习的科学知识只是他们从事技术工作的基础而已。第二类技术人员的存在则被有意无意地忽视了。在科学发达的现代人类社会中,依然存在着大量的与科学无关,或者说科学无法涉及的技术领域,在这些领域中有大量的技术无法纳入今天的科学体系。虽然无法排除将来这些领域是否会被科学所涵盖,但是就当下而言,这些领域的技术发展独立于科学发展,更多地依赖于经验的传承、体悟和积累。例如,中药的炮制技术在中国传统社会中已经存在了数千年,人们很难用科学理论来解释这些炮制方法,而掌握这些技能的药师也不是依靠学院教育就能够培养出来的。一位高明的牧民可以快速、准确地对其饲养的动物状态做出正确的判断,而这种判断的基础是其长期的生产实践而非科学的生化指标检测。无论是中医的药师还是高明的牧民,无疑都是掌握某种技术的人,但是很难说他们是"科学的技术人员"。这种实例不在少数。令人遗憾的是,今天人们在谈论"科技人员"时通常假定了技术人员都具有科学背景,而无视了没有科学背景的这一类技术工作者,似乎只有在科学背景下从事的技术工作才对社会发展有益,而非科学背景的技术工作则无关紧要。因此,在厘清科学与技术间相互关系的前提下,需要正视科学与技术各自的社会作用及发展规律,不能将技术发展与科学发展混为一谈,用相同的尺度来规范、衡量这两个不同的领域。

至于第三类人员,他们同时兼顾科学研究以及技术开发。这类人员不在少数,特别是在高等院校这类学术机构中,很多研究工作都是跨领域的。如果仔细考察这类人员的工作,可以发现他们从事的科学研究工作很大一部分是将已有的科学理论用于解释特定的现实世界,并在这一过程中不断完善理论,形成能够适应特定领域的子理论。牛顿力学具有普遍性,把牛顿力学的理论应用于建筑领域就建立起了结构力学,进而计算建筑结构的力学性质等方面,指导建筑工程的建设和维护;麦克斯韦奠定了电动力学的基础理论,在此基础上人们发展出了波动光学理论,而这一理论又可以具体应用于指导光信息技术的发展;等等。在这种情况下,子理论的创建与发展本身就有着明确的应用取向,与技术开发与进步有着密切关系。这类科学研究工作一般被称为应用基础研究。还有一些科学工作者,他们从事技术开发的目的只是利用新技术来验证科学理论,把技术开发视为推动科学进步的工具。也就是说,对于跨界的科学与技术工作者而言,有些人是为技术而科学,有些为科学而技术。

综上所述,若细分"科技人员"的名目,那么其实际上包括:① 纯粹的科学工作者;② 具有科学背景的技术工作者;③ 基于经验的技术工作者;④ 为推动技术进步而从事科学研究的科技人员;⑤ 为推动科学事业而从事技术开发的科技人员。在某些情况下,科学与技术工作之间没有清晰界限,两种事业相互交叉、渗透、促进。但是,一般而言,科学与技术两种活动的目的有很大差别,因而对它们的评判标准也应有所差异。只有明确这一点,才可能针对这两种不同的社会活动确立有利于两者发展的激励体系,促进科学与技术事业的全面发展。

总结

在全章结束时,我们可以回过头来,对知识、技术与科学的关系做一个概括性的总结。

知识:人脑理性思维的产物;是对事物状态的描述以及对多种事物间相互关系的判断;知识可以产生于多种方式;可以有具体的知识,

也可以有普遍的知识；知识可以是正确的，也可能是错误的；知识具有相对性。

技术：人类发展出的改变自己生产、生活状况的一种能力；这种能力体现为制造及使用工具；这种能力的形成有赖于人们所掌握的知识，以及将这种知识变为人体的行为，最终形成某种"操作"；技术可以简单描述为"技术≈知识+操作"，而现代社会对知识产权的保护正是因为知识作为技术的基础，具有商业变现的能力。

科学：一类特殊的普遍知识，人类用实证理性考察世界、思考世界的产物；科学产生需要某些特定的方式、方法（科学方法）；科学的最终产物是针对某类事物所形成的一套逻辑严谨的、定量化的理论体系；这套理论体系需要经受实验或观测的检验，并与实验或观测的结果相容；这套理论体系具有在一定程度上预测未知事物的能力；在没有实验或观测验证的情况下，所有理论都只是假设，而不能归于科学。

知识与技术：仅有知识不能形成完整的技术；所有技术都有相关的知识支撑；有无关技术的知识，而没有无关知识的技术。

知识与科学：科学是知识的子集，是通过特殊途径（方法）所获得的知识；科学是体系化的，这种知识必须经受实验或观测的验证；被某一科学学科所容纳的知识或可以通过某一科学理论推导出的知识，被视为"科学的知识"，从而也被认为是科学体系中的一部分。

科学与技术：技术的出现远早于科学，它的发展为科学的产生奠定了基础，没有这一基础就不会产生科学，而不是相反；科学出现后，成功地把某些与技术相关的知识科学化，使之成为科学的技术；科学的技术是技术的一个子集；在科学的指导下，可以明确技术改进的方向，提升技术进步的效率；在科学的预测及指导下，有可能产生全新的技术，进而形成新产业；技术的进步可以为科学提供更强有力的研究工具，获取更多的信息，进而形成新的学科；科学不是技术产生及进步的必要条件；近代以来，科学发展对技术进步的推动作用有目共睹，它是技术进步、新产业诞生的重要动力，但并非唯一动力，即使没有科学的发展（科学增量），在既有的知识框架内技术依然能够进步，新兴产业依然可能出现。

毫无疑问，知识、技术与科学的出现都与人类的理性有关，但是其所依据的理性性质不尽相同。无论在哪种理性模式下都能产生知识；技术发端于经验理性，光大于实证理性；而科学只能建立于实证理性的基础上。

科学是人类认知模式革命的一个结果。作为一种特殊的知识，科学对既有的知识进行梳理，并制造、产生出大量的新知识，形成了科学的知识。利用这些科学的知识，可以对既有技术进行改造，也可以发展出大量的新技术，形成科学的技术。科学的知识可以使人们更好地认知世界，科学的技术可以使人们有更强大的能力改造世界。因此，科学的产生极大地促进了人类社会的发展，对人类文明的进步具有重要意义。但是，在认识世界和改造世界方面，那些无法完成科学化的非科学的知识和非科学的技术同样有着其不可磨灭的历史意义，即使在科学昌明的今天也不能无视这类知识与技术的作用。

第八章

基础科学与应用科学

现代科学诞生于17世纪末叶。在诞生之初,科学完全延续了古希腊自然哲学的传统,以研究自然、发现自然规律为己任。"为科学而科学",是早期科学家们的普遍信仰。尽管这时的学者们也会针对一些现实问题进行研究,但追求自然的本质是他们不移的目标。这种状况大概一直持续到19世纪。进入20世纪,产业技术的发展进入快行道,大量的新技术喷薄而出,对工业界乃至整个社会产生了巨大冲击。在这个过程中,科学对技术开发的指导作用开始显现,在科学引导下的技术开发之效率有了极大的提升,这点得到了普遍的认可。科学不但可以为人类提供关于自然界的种种新知识,同时也成为技术研发的加速器、改变社会的助推器。科学研究不再是象牙塔中几位对自然怀有敬意的学者之个人活动,而成为一种对社会发展具有重大影响和贡献的社会活动。科学家群体由此得到了社会的广泛关注,优秀的科学家可以通过其科学研究成果而得到崇高的社会声誉,成为社会名流。这种趋势起自19世纪,一直持续到今天。可以说,科学走出象牙塔,成为全社会关注的热点,这是科学事业的巨大成功。

科学对社会的影响力,特别是在推动技术进步方面的作用,可以说无可替代。正是在这种情况下,一些企业为了加快技术研发的速度,或者找寻全新的技术发展方向,开始制度化地资助大学中的科学研究。

与早期科学家的研究重点不同,这种具有产业背景的科学研究的指向通常相当明确,即研究的成果要有助于提升现有技术,或者有可能产生出新技术,最终为企业赢利。技术的成立有赖于知识,如果相关知识得到升级,那么技术的进步就必然产生。因此,科学参与的技术进步其实质就是解决技术的知识问题。这种专注于各类技术的科学知识之研究,本身并不直接涉及建立、修正现有科学体系的一般规律,更多的是应用这些现有的规律,针对具体技术的情况,发现特定的改进技术之知识。这种知识实际上可以被理解为对一般理论的具体应用,是运用科学理论解决具体问题的过程。因为现实中的技术很少是单因素的,大多会涉及多学科的内容,所以解决技术的科学知识问题通常是一个复杂过程。为适应这种情况,20世纪的科学出现了分化,形成了两大分支,即基础科学(纯科学)和应用科学。前者依然秉持传统,致力于研究新的自然现象,发现新的自然规律;后者则致力于应用现有的科学理论,解决技术领域中的各类科学问题。两者系出一门,本非泾渭分明,虽确有差异,但在特定条件下可相互转化:基础科学研究的成果有可能为新技术的诞生开辟道路,又或应用领域的研究揭示了新的现象,为基础科学的研究提供新的课题。由于这种相互依存、相互转化的关系,两者的分类在某些情况下很难一以贯之,需要不断调整。

  应用科学的研究目标直接而又明确,就是解决产业技术的问题,但需要再三强调的是,并非只有科学进步才能推动技术进步,即使在一些完成了科学化的技术领域依然有大量的问题无关乎科学理论,只是一些经验积累。以金属冶炼为例,一些型号的金属材料,其组分与冶炼工艺在教科书、论文中都已经明明白白地写出来了。但是并非所有读了这些教科书、论文的人就可以将这种材料冶炼出来。将书本知识真正转变为技术,生产出产品,还需要经过大量的实践,解决大量的技术与工艺问题,需要花费大量的精力、时间与经费。这类研究显然应该归于技术开发，并不涉及解决科学问题，与科学研究没有多少关系。在今天的产业界，绝大多数的研究工作其实都是这类技术研发，而非应用科学研究。因为支持这些技术的科学知识已经完全成熟了，此时这类研究工作解决的并非科学问题，而是种种技术问题、工艺问题，有时还可能是效率问题、成本问题。这些都不是应用科学所覆盖的领域。这类研究很难发表论文，有时甚至无法申请专利，但确实可以为企业解决生产实际问题，提升企业竞争力，成为推动社会发展的重要动力。

一般说来，基础科学研究所针对的问题是一些最基本的科学问题，其成果是帮助人类更多、更准确地了解真实的世界，满足人类对自然界的好奇心，与现实的产业之间鲜有直接关联。但是基础科学研究的内容会随着时代的变迁而改变，一些原来属于基础科学的内容有可能转变成为应用科学研究的主题。遗传物质的载体到底是什么，曾经是生物科学的一个重要课题。20世纪40年代，科学家发现DNA是遗传信息的载体；50年代，科学家确定了DNA的双螺旋结构。这类研究显然针对的是基础科学问题，但当了解了遗传物质的结构后，人们就想进一步攻克如何人为地控制、改变DNA结构，从而改变生物的性状，培育出全新的生物等一系列具有强烈应用取向的课题。于是，在此基础上出现了分子生物学这门学科，以及基因工程这一崭新的生物技术。基因工程技术正在改变世界，影响将日益显著，前途不可估量。但从确定DNA这种遗传物质算起，到人类开始实际应用基因工程技术，之间相隔数十年，在此期间有海量的研究投入。这种由基础科学研究的结果而催生的技术屡见不鲜，实例众多。正因如此，基础科学研究看似与民众生活相距甚远，但其对技术、对社会可能带来的冲击，无人可以小觑。

19世纪之前的科学研究有相当比例偏重基础领域，研究者的工作推动力大多来自个人对科学的爱好，研究工作都是个人行为，极少有人可以得到国家或社会的资助。科学家们形成一个个小圈子，大家通过私人书信和少数几份学术杂志相互交换研究心得与成果。到了19世纪下半叶，科学研究对产业的推动作用开始显现，特别是进入20世纪后科学成果的衍生品对诸多产业展现出了重大作用，甚至成为决定国家生死存亡的力量。从这时起，基础科学研究就不再是少数个人的趣味问题了，而成为国家间竞争的焦点之一。基础科学研究的社会化成为普遍趋势，科学家开始从国家、社会获取可观的研究经费。大量接受过高等教育的年轻人开始进入基础科学研究领域，其中不乏对科学研究抱有激情的科学爱好者，也出现了很多把科学研究仅仅当作一份工作的科学从业人员。毋庸讳言，当前的各类基础研究课题中，最终成功者寡，无果者众；成功者中其结果有用者寡，无用者众。因此，基础科学研究是一项长周期、高风险、低回报的投入，能够长期承担这类投入的，多以国家基金为主，辅之以少量的私人基金肯于承担这类风险。长期持续的基础科学研究投入，是当今世界上肯于承担责任的国家之职责。没有了国家的投入，基础科学的进步将停滞不前。

相比于基础科学，应用科学出现较晚，但其出现的根本原因是科学已经显现出了巨大的威力，受到了社会的关注。作为更加贴近产业技术的知识体系，应用科学在很大程度上就是应对产业发展的强烈社会需求之结果。面向产业技术，应对社会发展需求，是应用科学的本性，而只有能够满足这些需求的学科才有生存的机会。换言之，应用科学是因应社会需求而生的，其社会性与生俱来。从技术上讲，应用科学实际上可以被视为一种将基础科学理论应用于某种特定技术领域的科学，起着勾连科学与技术的作用，其生命力就在于能够推动特定的技术发展，或创造出某种新技术。例如，"基因工程学"之于基因工程技术，"激光物理学"之于激光技术，"微电子学"之于集成电路技术，等等。基因工程学根植于分子生物学，激光物理学根植于量子力学、固体物理、晶体学，微电子学根植于半导体物理学、材料科学、化学。由于这一特性，应用科学的发展必然与相关产业的兴盛有高度的正相关关系。今天一个高速发展的产业背后几乎都会有一个以上相关学科的支撑。可以预期，随着人类创造出越来越多的新技术、新产业，应用科学的学科领域必将随之扩展。应用科学与产业技术高度相关，对产业技术有重大推进作用，导致产业界对应用科学的研究从一开始起就极其关注，并给予强力的支持。因此，长期以来应用科学的研究经费有极大比例来自产业界。

现在在谈论研发投入时，一般都使用"科学技术研发费"这类名目。如前文所说，尽管科学与技术间有一定的相关性，但实际上它们是两件事，其存在的目的有很大差异。所以，在实际操作上可以将这笔费用分成三部分，一部分投入基础科学领域，一部分投入应用科学领域，一部分投入技术开发领域。在这三个领域中，无论是出资者还是执行者都有很大的不同，所形成的产出也各不相同。基础科学的主要资金来源是政府，以及少量来自私人基金会的部分，承担基础科学研究的单位多为大学和国家研究机构，其产出以科学论文为主，或有少量专利。应用科学的主要投资者是政府以及一些有一定规模的企业，承担者多为大学、各级公立研究机构和部分企业研究所，产出为科学论文和专利。技术开发的出资者大都为企业，在少数关键领域可能得到政府资助，承担者主要是归属于企业的研发部门以及各级公立研究所和大学，产出主要体现为专利和技术诀窍，论文与投资产出比很低。值得注意的是，在技术开发活动中，绝大多数开发机构实际上并不关注相关的科学问题，而是把开发的焦点放在获取技术这一目标上。至于这一技术是来自科学的指导，还是经验的试错，对这些机构来说，并不是一个重要的问题。2021年，中国科技经费的构成为：基础研究经费约1817亿元、应用研究经费约3145亿元、试验发展经费约22 996亿元，占比分别为6.5%、11.3%、82.3%。这三者可以大致对应于基础科学、应用科学与技术开发领域。其他国家的情况与中国的大同小异，一些发达国家在基础科学方面的投入比重略大一些，但技术开发占比最大这一状况为各国所共有。

在今天的时代，可以这样来描述基础科学、应用科学与技术开发间的关系：基础科学中的部分成果可以引导未来产业的发展方向，应用科学负责沿着这一方向勾勒出修建一条道路的蓝图，技术研发则是按照这一蓝图一边探索、一边施工修路的探险者。但是，要特别注意的是，探险者并不一定要沿着现有蓝图施工、前进，完全有可能在科学构建的大路之外，凭借自己的摸索而找到前进的羊肠小道，其成功的概率固然很低，但却不应被无视。

第九章

自然科学与社会科学

前面几个章节所谈论的科学都是专指自然科学,在这一章中稍微谈论一下社会科学,并将之与自然科学进行对比。为了避免混乱,本章将直接使用自然科学与社会科学两个词,以期将两者明确区分。

在18世纪启蒙运动的宣传下,自然科学在欧洲得到了广泛的传播,获得了社会的普遍认可。19世纪是自然科学腾飞的时代,牛顿所建立的科学体系不断发展壮大,在很多领域取得了重大进展,产生出一批新学科,改变了人们对世界的传统认知,并指导、推动了第二次工业革命发生。一批科学家直接参与了这场革命,并扮演了极为重要的角色。以自然科学成就为样板的人类理性,切实彰显了推动人类社会发展、改变人类社会形态之伟力。回顾历史,可以清楚地看到,在理性不断张扬的过程中,宗教势力的影响力在不断衰退,两者的进退有着一定的互补关系。或许我们可以这样理解,当欧洲人发现千年以来赖以安身立命的宗教在新时代下出现了一系列危机后,找寻一种新的理念作替代,成为一种必然,而在这一时期的欧洲,人们发现自然科学所依据的实证理性就是一种最好的替代。

自然科学的研究对象是自然界。自然界作为一种外在于人类的客体,成为人类主观意识认知的对象。人们依据科学精神,使用科学方法对这些客体进行研究,最终形成了一整套科学理论,建立起了最初的科学体系,即牛顿自然科学体系。在这个体系中,自然界的运动、变化都有迹可循,完全可以预期。原则上只要掌握此刻物质运动的状态,就可以依据自然规律而确定(计算)下一时刻的物质状态,以此类推,乃至无穷,即未来物质的一切状态尽在把握之中。这是一幅决定论的世界图像,唯一的瑕疵就是需要对存在一位"第一推动者"进行解释。除此之外,这幅图像可谓完美:在这一图像中,拥有理性的人类取代了那位成天没事操心人间琐事的上帝,占据了设计世界、改变世界的中心。在这种情况下,人类当然有为自己的睿智与伟大而骄傲的一切理由!这种胜利不但使人类有了更强有力的思维工具来认识自然界,也极大地增强了人类的信心,即对自身理性的无限信心。

正是在自然科学取得了如此重大进展的情况下,无数的学者不断涌入新的研究领域。人们并不满足这些仅限于研究自然界的成就,开始了思想领域的新征程,试图复制人类研究自然界的成功于研究认识的主体之上,即研究人与人类社会。于是,各种涉及人与人类社会的领域也成为人类理性研究的对象,而相关研究成果所涉及的领域就逐步构成了社会科学诸学科。按照《中国大百科全书》中对广义的"社会科学"的介绍,其研究范围为"一切人类活动(或者说人类在社会或文化方面的行为)及成就",所涉及学科超过2000个,诸如经济学、社会学、人类学、政治学、社会心理学、社会和文化人类学、社会生物学、社会和经济地理、教育学、语言学、哲学、文学、历史学、考古学、法学、军事学、宗教学、民族学、人口学、传播学、人文地理学等,构成了极为庞大的社会科学体系。一些欧洲的大学者甚至不满足于仅仅把自己的视野局限于某个社会领域,而试图建立起更为普遍的科学体系,打通自然与社会两大领域,成就出能够涵盖一切知识领域的科学学科。这种努力主要发生在哲学领域。将哲学科学化,使之成为一切科学的科学,成为各学科科学研究的引导者,是18世纪末到19世纪末一批学者的野望。将人类社会研究科学化是这一时期学界的普遍趋势，甚至可以说在整个欧洲思想界都有模仿牛顿科学体系的倾向。也正是在这一时期，欧洲人对人类理性的信赖达到顶峰，科学主义、进步主义兴起，成为影响社会发展的重要思想潮流。这种潮流源自欧洲，但其影响力扩散至全球。中国"五四时代"的"德先生""赛先生"救国论与这一潮流也不无干系。此时的中国推翻了传统帝制，动摇了传统意识形态，需要重建民族精神支柱。实际上，直至今日，中国思想界在很大程度上依然受这种思潮影响。

20世纪初发生的几件大事改变了欧洲人对理性的信心。一个冲击是，在欧洲人试图依据人类理性的指导构建新的文明社会、文明国家而努力多年后，以欧洲为中心的各国依然爆发了足以改变人类历史进程的第一次世界大战，数千万民众死于这场战争，无数的社会财富在战争中被耗费、被摧毁，欧洲人花费了几百年而建立的世界秩序被动摇。另一个大冲击来自自然科学界。在世纪之交，物理学发生了一次重大革命，彻底改变了由牛顿所构建的自然界图像。狭义相对论的建立直接改写了牛顿所确立的时空观，量子力学的建立更是把此前物理学家们所坚信的决定论送进了坟场。由于自然科学理论具有排他性，一种新理论诞生后，必然与旧理论产生竞争，其结果只有两个可能性，即"新替代旧"，或"旧淘汰新"，而不存在两极并立的可能性。新理论替代旧理论并非简单地将旧理论抛弃，而是将旧理论覆盖、吸收、扬弃，把旧理论作为新理论应用中的一个特例。在相对论理论体系中，牛顿力学可以被视为物体低速运动时的特例；在量子力学中，牛顿力学可以被视为针对宏观物体的特例。只要不涉及高速运动或极微小物质（原子层级）的运动，那么牛顿力学依然成立。但是，相对论和量子力学的出现确实从根本上改变了人类对自然界的认知。

依据量子力学，在原则上讲人类无法确定任何一个时刻物质运动的准确状态,而物质状态的变化也绝不可能是唯一确定的,只能是某种概率分布。自然界如此,比自然界更为复杂的人类社会更是如此。换言之,物理学革命之后,在物理学家的眼里,世界发展的图像就根本不可能只有一个前景,而应该具有多种可能状态,只是各种状态发生的概率大小有所差异罢了。任何一个社会必然包括物理系统,因此物理上的不确定性必然导致社会体系自身的不确定性,也就是社会变化的不确定性。所以,任何试图人为设计一个理想社会并付诸实施,无论设计得如何精巧,执行者如何努力,都不具备成功的必然性。人类生存在一个或然的世界,而非一个必然的世界。所以,在20世纪之初,欧洲人的社会实践和物理学革命的成果击破了启蒙运动以来欧洲人对科学、对人类理性的自信。之后欧美出现的各类新学说大多已经没有了对理性、对科学的强烈自信,不再试图按照某种理论来设计、改造社会。科学主义、进步主义在20世纪后的欧美退潮,绝非偶然。

20世纪中期,人们对自然科学及社会科学的认识日益深刻,不同专业领域的学者开始探讨真实世界的复杂系统,多种新学科(如系统论、信息论、控制论)开始兴起。在20世纪晚期,耗散结构理论、协同理论、超循环理论、突变论、混沌理论、分形理论和元胞自动机理论等一批学说应运而生,构成了研究复杂系统的学科群。这些学科对问题的切入点各自不同,使用的方法也各有特色。但是一个共同的特点就是,这些理论在对世界的描述过程中,把自然与社会体系视为非线性体系,需要使用更为复杂的数学工具。由于这一特点,这些理论的数学解具有很强的不稳定性,任何一个系统中的微小扰动,以及边界条件、初始条件的微小调整,都可能对系统的演化产生巨大影响,造成完全不可预期的结果。在混沌理论中,所谓"一只南美洲亚马孙河流域热带雨林中的蝴蝶,偶尔扇动几下翅膀,可以在两周以后引起美国得克萨斯州的一场龙卷风"的蝴蝶效应,描述的就是这种系统中因初始条件的微小变化而引起整个系统的长期的巨大连锁反应。由于这种系统中局部区域所产生的微小扰动无法预期,所以从理论上看,要想从某种确定的条件出发一劳永逸地确定系统的演化路径是根本不可能的。由于事态发展的非确定性,在复杂性科学体系中部分地放弃了对事物彼此之间的因果性追究,把关注的焦点放在了研究事物彼此间的相关性上,而相关性是一种唯象的体现,无法提供事物间的本质关系。这一结果,的确与牛顿理论所勾勒的世界演化图像有着本质的差异。

牛顿所建立的科学体系,从本质上讲是一种基于还原论哲学观念的体系。在这一体系的理论中,将世界视为由众多部分机械组成的整体。因此,只要能够清晰地解析出每一部分的状况,将每一部分组合在一起,就能自然而然地构建出整体的状况。换言之,整个世界在原则上都可以还原为构成世界的最小单元,并为这些最小单元所决定。于是,科学需要对所研究的对象进行层层分解,从面对的物质到分子,从分子到原子,从原子到更小的粒子,只要搞清楚了支配最底层基本粒子的科学规律,原则上就可以通过理论推导出所有由这些基本粒子所构成的世界之规律,最终把握世界的变化、宇宙的变化。事实上,自从科学诞生以来直至今天,这种还原论的理念一直是科学界的主流,为大多数科学工作者所遵从。

但是由于这种还原论理念无法应对复杂体系,到了20世纪中叶之后一些学者开始用整体论的理念看待世界、研究世界。今天的复杂性科学体系就与这一理念有着极深刻关系。依据整体论的理念,宇宙是一个有机体,万物均有关联,并不存在独立的最小单元;世界并非由基本粒子的机械组合而构成,在不同的层次上,物质世界有着各自的规律;只有了解了宇宙的整体,才可能了解部分,而不是相反。整体论的这些理念在复杂性科学的研究中得到了支持,取得了一些极为有趣的结果。在对混沌系统的研究中,研究者发现了所谓的"涌现"。"涌现"

是指：组成事物整体的各个部分之间可能产生极为复杂的相互作用，事物整体会展现全新的性质，这种性质远非部分的叠加，无法用部分的性质之和加以理解。此时，事物整体可以呈现出与所有部分完全不同的性质，展现出"整体大于部分之和"，意味着事物发展到了一个新的层次。涌现这一概念产生得相当晚，至今不过十数年。涌现所描述的现象其实已为人们所广泛认知。例如，5只蚂蚁的行为方式会与500只蚂蚁的行为方式极为不同，而人们无法通过对100个5只蚂蚁的行为方式研究推导出500只蚂蚁的群体行为方式；生物由细胞构成，但是研究人员无法依靠通过研究每一个单独的细胞而获取对整个生命体的完整认识。整体论的思想对于拓展新的研究领域、创造新知识有着重要的作用。

还原论与整体论之争，涉及对世界构成的一般认识，这种认识的正误无法简单用实证的方法加以验证，双方都可以为自己找到强有力的实验支持。换言之，两种理念的争论更像是哲学理念的争论，涉及对世界的本源、知识的本质以及获取知识的方法等内容，带有极强的形而上色彩，已经超出了现代科学的范畴。事实上如果从思想史上看，这两种理念的起源都颇为久远，可以追溯到数千年前的轴心时代。然而，正是在还原论理念的指引下，300年来科学的发展与进步取得了伟大成果，特别是物理学、化学、生物学等学科的发展对人类社会进步的影响有目共睹。这些学科构成了所谓的精密科学，即人们可以利用这些科学理论对自然现象进行精密的定量描述，对可控的实验结果进行精密的定量预测。可以说，在这几百年自然科学的进步中，还原论的理念起到了决定性作用。

当人们把研究的目标转向人类社会时，就会发现这一对象的复杂程度远非自然界可比。从社会科学研究的对象、内容及方法来看，试图用还原论的理念将对象分解为一个个简单的单元加以研究，在此基础上构建整个体系的规律，这种路径存在极大问题。人类社会无疑属于复杂系统，还原论的有效性相当有限，整体论的理念理应可以起到更重要的作用。遗憾的是，尽管整体论的理念历史颇为长久，但其在科学研究领域所取得的成就还较为有限。即使近几十年来整体论理念已经受到越来越多的研究者的重视，并在其指导下产生出了一批新学科，形成了复杂性学科群，但是相比于精密科学，复杂性科学的成就还相当初级，在对一个真实的复杂系统的定量描述以及发展预测方面可以给出的结果还缺乏可信度。因此，复杂性科学在现今还处于起步阶段，要取得突破还需要假以时日。

自然科学、社会科学都冠以"科学"之名，两者之间确实有一些相似性。这主要体现在社会科学诸学科在形成过程中，都自觉地学习了自然科学的理论框架构建模式，具有类似于自然科学的科学精神、科学方法以及形式上的理论体系。但是，由于两者所针对的对象差异甚大，仅仅从共同的科学精神出发，使用相似的研究方法，并不能保证所建立起的理论体系就能够自然而然地具有类似自然科学那样的功能。

有三大问题横亘在社会科学诸学科面前。

第一，科学理论的建立一定需要一批最基本的概念，这是能够形成一个稳定学科的前提。对于自然科学的各学科，由于处理的对象相对单一，在学术共同体中概念的统一比较容易实现。因此，同一领域的科学家们讨论问题时，通常不会有关于概念的重大分歧。对于社会科学而言，在一个学科领域统一概念是一个巨大的问题，不同的学者在使用同一词语时，其内涵往往有所差别。这就导致即使是在同一学科领域中，学者们在讨论问题时，也会出现巨大的沟通障碍。有时看似在讨论同一问题的学者们，其实所谈论的内容并不完全一致。由于不同学派间存在概念定义差异，这种讨论很可能犹如"鸡同鸭讲"，无法正常对话、相互沟通。同一学术圈内的学者尚且如此，遑论圈外人了。简单举几个例子：在哲学领域，"唯心主义"是一个重要的概念，但它有众多定义；在历史学中，关于何为"文明"至今没有定论；宗教学中关于"宗教"的定义也难以统一；民族学中，对于构成"民族"的要素各有各的说法；等等。而这些概念可以说是相关学科的出发点，如果对于这些出发点都无法有统一的认知，那么相关学科的基础本身就很难说是坚固的。究其根本，社会科学的这种处境是由其研究的对象本身过于复杂，而人类的语言、概念在现代的条件下还无法精确地阐述、定义这类对象所造成的。

第二，今日各种冠以"科学"之名的学科都在其理论构建时模仿牛顿科学体系，即需要构建出基于公理、定律的逻辑体系。在自然科学中，各学科的定律、公理背后一定有实验支持。定律、公理不与已知可靠实验结果相背离，是一切自然科学体系成立的先决条件。而要获得"可靠的实验结果"就要求这一实验的条件可控，结果可重复。这是所有自然科学学科共同遵循的法则，无一例外。无法满足这一法则，是中医学无法纳入科学体系最重要的原因。在社会科学领域，尽管学者们也试图构建社会科学理论体系，但其首先要考虑最初的定律、公理能否经受得住实证的考验。

社会科学的公理体系建立存在两个重大挑战。一个挑战是作为出发点的公理往往缺乏坚实的实证基础。以在社会科学领域号称最接近自然科学的学科——西方经济学——为例，其整个理论大厦的建立基于一个基本概念，即"理性人"假设。在这一假设基础上，人们给出了供给-需求曲线，以解释市场上商品生产与销售间的数量-价格关系。要知道供需关系是整个现代西方经济学的基本定律。遗憾的是，"理性人"假设的合理性本身争议甚大，很难通过实验加以验证。近代一系列行为科学的实证研究结果显示，人们的日常行为在很多情况下并不受理性思考支配，更多地受情绪左右。参照这一结果，说人们的经济行为是完全理性的，显然不具说服力。因此，建立在这一假设基础上的供求关系曲线能否经受得住现实世界的考验，便始终存在一个大大的问号。人性极为复杂，试图用一个简化模型来描述人性，固然可以使理论得到极大的简化，但如果这一假设过于偏离现实，那么建立在这一假设基础上的这门"科学"之合理性、有效性就是一个极大的问题，依据这些理论所提供给人们的信息，其可靠性就会存疑。这一问题的出现，显然也与社会系统自身的复杂性有关。在这种情况下，试图参照自然科学的模式（以还原论为出发点），建立起社会科学的理论体系，这种行为本身就存在不可避免的缺陷。

另一个挑战则是在社会科学研究中，可用于验证理论的实证样本数量往往过于稀缺。所谓"科学"，无论研究对象是自然界还是人类社会，都以找寻规律为目的，要建立起能够适用于特定领域的理论体系，确定相关的规律。所谓"规律"，一定是针对"众多"个体而言的，即从特定条件下多个个体出现的相同现象，或一个个体反复出现的现象来发现规律。样本的数量多寡，对实验（或观察）的结果可信度有极大影响。一般说来，样本数量 N 越大，结果的置信度 R 就越高。置信度 R 的取值范围为 $[0,1]$，0 表示完全不可信，1 表示绝对可信。对样本数为 N 的一个重复实验的结果，其置信度为 $R = 1 - 1/\sqrt{N}$。如果某事件发生的次数只有一次，那么所有想研究这一事件发生之规律的企图都是笑话，因为其结果的置信度为 0。比如，如果有人说想要研究"宇宙大爆炸"的规律，建立宇宙大爆炸学，那一定是无稽之谈。人们可以在一定程度上描述宇宙大爆炸这一现象，但原则上永远无法找到这一现象所发生的"规律"，因为人类所能够通过实证确定的大爆炸现象只有这一次，这种研究成果的置信度 $R = 0$。一位历史学家可以研究中国历史上所有帝王的"死亡规律"，但绝不可能研究秦始皇的"死亡规律"；可以研究秦始皇执政期间早朝的"规律"，但绝不可能研究秦始皇在某一特定日子没有上朝的"规律"。规律只可能存在于"众多"的同类事件之中。而在社会科学的研究中，有时所遇见的问题经常是可供研究的样本数量极为有限，很多社会事件的发生需要有相当严苛的条件，而满足这些条件的事件数量稀缺。这意味着 N 是一个小量，将导致其研究结果的置信度有限。

第三，自然科学的理论本身具有预言新现象的能力，这是自然科学的性质之一，也是被人们用来评估一个自然科学理论价值的重要因子。没有这种能力的自然科学理论被认为没有新意，故而没有什么价值。但是这种性质，在社会科学理论体系中很难满足，甚至可以说绝大多数社会科学理论不具备这种预言能力。造成这一现象的根本原因是人类社会是复杂系统，而依据混沌理论，一个复杂系统的局部微小扰动有可能导致系统的演化出现剧烈的改变。由于体系的局部扰动不可预测，系统演化方向具有极大的不确定性。因此，期望以自然科学的标准来要求社会科学给出社会发展的确切走向，本身就是一个问题。

所以，综上所述，尽管自然科学和社会科学都被冠以"科学"之名，但其实两者的性质有极大差异，不可不察。自然科学之理论体系筑基于坚实的实验基础上，其定律、公理都在时代所能达到的高度范围内，经受着不断的审视，因此依据这种理论体系所推导出的各种定理、知识通常能够经受得住实践的考验，可以给出相当精确度的定量结果，有着极高的置信度。这也就是为何自然科学在面对现实世界时具有极为强大的功能，可以推动技术进步、产业进步，乃至改变社会的形态。自然科学的这些成就实际上体现了还原论理念的成功。社会科学在形式上学习了自然科学，也构建起了相应的理论体系，原则上也可以形成完整的逻辑闭环。但是，由于社会科学所面对的研究对象极为复杂，社会科学诸学科的理论体系很难找到坚实的实证基础。在概念的定义上，多有歧义；所建立的定律、公理系统，由于难以找到可控、可重复的观察，也缺乏实证的佐证。于是可以发现，在很多社会科学领域，会同时存在多个理论体系，彼此平行，相互竞争，而又没有什么有效判据可以使人们对这些理论之真伪、优劣进行判断。这种状况在自然科学领域中较为少见。总之，自然科学和社会科学这两类理论体系具有完全不同的性质，其立论的基础差异甚大，在应用方面的效果也大相径庭。

第三篇

思考科学的意义

第十章

科学的力量

科学（自然科学，以下相同）之所以能够诞生于17世纪的欧洲，是长达数百年欧洲社会所展开的人类文明转型这一宏大历史进程的伴生物，人类社会经过这一转型完成了从农业文明到工业文明的演变，在扬弃传统思维模式的基础上，形成了一种全新的理性思维模式。可以说，科学是且仅仅是这一社会转型期思维模式变革后的产儿；科学的诞生推动了这种思维模式的成熟，成为加速社会转型的动力。这一文明转型的发生就人类社会的发展历程而言有其历史的必然性，但具体到最先发生地是在欧洲、东亚、南亚还是西亚，则充满着历史的偶然性。那种试图论证工业文明、科学革命只能发生在继承了古希腊文明和古希伯来文明的欧洲的理论，自身并没有什么说服力。因为这种理论的核心只是把欧洲历史上的状况解释成完成这一转型的充分且必要条件，而这种做法本质是循环论证，在逻辑上根本无法成立。

在这一转型过程中，欧洲人率先挣脱了传统理念对社会各方面的种种束缚，开启了用一种全新的理性思维看待自然、研究自然的历程。传统的基于先验理性的基督教被质疑，全新的实证理性逐步成为人们看待世界的主流。实证理性的出现为科学的诞生奠定了基础，科学用其无可争辩的成果证明了自然界高度统一，天地之间没有任何不可逾越的鸿沟,宇宙中的万物有着共同起源,遵从统一的自然规律,而依靠理性,人类具备了探求自然界一切神秘事物的能力,造物主的作用被挤到了舞台的角落。科学的成功凸显出人类理性的力量,在科学面前传统的一切神圣都失去了往日的光辉。可以说,科学为人类提供了迄今为止最完备的理性思维体系和最有效的认知工具。

作为一种全新理性思维模式的产物,科学重整了人类自诞生以来所产生的各类知识,并成功地将这些传统知识中的一部分科学化,在短短的300年间生产出了巨量的全新科学知识,使人类的知识得到了爆发性增长,进而直接导致了以知识为基础的技术得到巨大的发展,新技术层出不穷,科学成为推动技术发展的主要动力。在与新的生产方式结合后,以这些新技术为基础,产生出了一大批全新的产业,从根本上改变了人类社会的结构和人类生产、生活的方式。

可以说,科学的诞生在思想领域和物质生活领域都极大地影响了人类社会的状况。

今天人们在谈论科学时,大多考虑的是科学在推动技术发展、社会发展中所起到的作用。对于生活在20世纪及21世纪的人来说,科学技术水平对一个国家的重要性怎么强调都不过分。一些旧时代的强盛帝国、一些曾经依靠资源贸易而富有的国家,曾在19世纪、20世纪中反转命运,从昔日的巅峰转落:在19世纪,昔日的南亚大帝国莫卧儿王朝被欧洲大陆西端的岛国英帝国颠覆,最终成为英属殖民地,英国国王成为印度皇帝;东亚的大清帝国在与西方列强的多次战争中,屡次战败,主权沦丧,沦为半殖民地,最终导致王朝覆灭;在20世纪,历史上曾经长期称霸亚欧的霸主奥斯曼帝国在第一次世界大战后因战败被肢解,分裂为数十个国家,欧洲人彻底解除了历经数百年来自东方异教徒的威胁;第二次世界大战后,世界顶级富裕的南美国家阿根廷,在短短数十年中从顶峰跌落,尽管其有着极为丰富的自然资源,也只能成为一个中等发展水平的国家,且至今还承受着巨额的外债;第二次世界大战结束时,菲律宾是亚洲首富,但不过数十年,菲律宾就成为东南亚国家中的落后生,其最著名的"产品"大概就是菲佣,依靠女性在世界各国从事家政服务赚取外汇,以支持留在国内的家人之生计。当人们总结这些国家的兴衰史时,都不能否认的一个重要的事实是,这些国家都在科学技术领域极大地落后于当时的先发国家。它导致了这些国家或者在战争中屡战屡败(几个帝国),或者所生产的产品无法跟上世界商品生产技术进步的步伐,在商业竞争中败北(所有这些国家)。

科学在其诞生之初,只是一些学者个人爱好,就如同某个人爱好戏曲、诗歌、绘画、竞技一样。但是当科学的成果与技术结合在一起,形成科学的技术,极大地推动了技术的发展,并创造出全新的产业时,科学的力量就得到充分的彰显,转化成为推动社会进步的物质力量。历史告诉人们,一个国家的科学技术发达程度,将对这个国家的兴衰起到重要作用,这点已成为今天人们的共识,尤其为中国人所认可。正因如此,在今天世界各国政府、企业都重视对科学研究和技术开发的投入,且越是发达的国家,在这一领域的投入就越大。

科学的力量不仅可以物化为产品,改变人们生存的物质世界,也可以凭借其理论体系的力量改变传统社会中人们的思维方式,使世界能够以完全不同的形态呈现在人类的精神领域中。事实上,科学的这种力量比起科学对技术发展的推动对人类的影响更为深刻。

从科学诞生的历程可以看出,科学作为一种研究自然的知识体系,其产生有着深刻的社会背景,是人类文明发展到一定阶段后的产物。在这一阶段,人类扬弃了传统的先验理性,开始用实证理性看待世界、思考问题。在传统社会中被视为神圣而不可置疑的各种传统、理念都成为被怀疑、被审视的对象。世间正误的标准不再是神明的旨意或圣人的教诲,而是实践。在对待自然界时,正确需要得到实验的验证、支持,理论的确立无一不需得到实验的检验。而在社会领域,正义不再是宗教教义或世俗经典上的金科玉律,人性成为道德准则确立的核心,政治制度、司法制度都需要围绕"人"而建立,于是在传统社会处于支配地位的宗教信仰逐步成为个人事务,退出了社会运动的中心。"上帝死了",并非只是少数哲学家的感叹,而是时代发展状况的真实写照。宗教的退潮并不意味着人类不再需要精神的慰藉,人们开始探索宗教的替代品以填补精神领域、思想领域的空白。作为实证理性的应用,科学理论具备了极强的完整性、精确性,并在实践中得到了验证,具有极强的说服力。而科学研究所使用的方法论也展现出其普适性,具有广泛的应用场景。因此,产生出那种把科学视为新时代中能够取代宗教来指导人生的想法,就不足为奇了。事实上,从康德、黑格尔(1770—1831)到马克思,在他们的哲学体系中都可以看到这种努力。不难理解,当欧洲社会变革开始动摇千百年来维系欧洲社会秩序的基督教教义时,科学与理性被视为能够替代宗教、为人类提供安身立命之根基。理性主义、科学主义都可以视为是在传统思维模式被替代、宗教势力衰退而世俗力量发展壮大的必然产物。在一定程度上,这些思潮确实部分地填补了在欧洲宗教势力衰退而出现的空白,这种趋势在19世纪尤为显著。但是,20世纪在西方所爆发的第二次世界大战使人们对自身的理性到底能够走多远,其有效性到底有多大产生了怀疑。

因此,自20世纪上半叶欧洲人就开始了对理性主义、科学主义的反思,这一进程至今仍在继续。人类至今还在探索能够适应新时代的意识形态体系,在这一方面还有很长一段征程。尽管如此,在传统思想被历史所超越的当下,理性主义、科学主义及其衍生思潮依然是影响人类社会的重要思想资源,是现代社会中不可忽视的强大力量。

科学的成功使人类理性的作用得到了普遍的认可。在一定程度上科学与理性成为传统宗教的替代品,扮演着统一社会意志的作用。尽管在现代社会不再存在一个唯一的中心，可以掌握对科学、对理性的最终解释权，但是世界上鲜有公开站出来反对科学、反对理性的组织，反而是一些宗教组织都打起了科学的旗号，使人感到几分滑稽。总之，对于现代社会，作为一种宗教精神的替代品，理性与科学的影响力之大毋庸置疑。

20世纪所爆发的两次世界大战极大地冲击了西方社会对理性、对科学技术的信心。尽管如此，在传统宗教、传统意识形态破产的时代，理性与科学依然是人类可以构建起一个现代社会、现代国家的精神支柱，反智主义始终无法成为当今世界的主流。从这个意义上讲，理性与科学是今天人类可以建立普遍共识的唯一基础。对于曾经的失败，人们可以解释说其原因在于人类知识的缺陷，在于科学的不完备，而只要不断地完善理性与科学，就可以使人类不断地接近真理，最终在理性与科学的指导下，建立起完善的世界。这种解释当然有其合理性，并有着现实的实证案例。

19世纪末叶，在欧洲一批功成名就的物理学家眼中物理学已经趋于完备，只有几个小问题尚待解决。但是就是这几个小问题最终导致物理学发生了一次革命，在20世纪中产生了相对论和量子力学这两个全新的理论，取代了已经存在了200年之久的牛顿物理学体系。在这次革命中，诞生了20世纪一大批声名显赫的物理学家，他们向人类展现了一幅完全异于传统物理学的自然界图像，而这一图像在很多方面超越了人们日常生活的体验，进一步彰显了人类理性在把握世界规律上的能力。正是在这次物理学革命的成果基础上，20世纪步入了核能时代，开启了微电子时代。可以说正是由于这次物理学革命，才造就了20世纪下半叶的第三次工业革命，其影响直至今日。甚至可以说如果有第四次、第五次工业革命的话，也一定能在其中看到这次科学革命的身影。今天世界各主要国家无一不在基础科学研究中投入相当的力量，与这次物理学革命所产生的巨大作用有着直接关系。这次革命如此成功,其影响如此深远而巨大,使得人们有理由相信科学有着巨大的发展潜力,科学的革命能够一而再,再而三地发生,从而不断提升人类认识自然、把控自然界的能力。

第十一章

科学的限界

"科学会且一定会不断进步,产生新的革命",似乎在相当一部分科学共同体成员中成为一种共识。大批科学家们也在这个方向上做着不懈的努力,期望自己能够成为一次新科学革命的主要推动者或参与者。但是,有一个值得注意的事实是,自20世纪初物理学革命发生以来的百余年间,物理学在大的框架下并没有产生新的革命。而下一次革命何时发生、能否发生是一个大大的问号。如此这般,科学的磅礴力量还是势不可挡吗?科学是否有了限界?或许我们可以从"还原论与整体论视野下的宇宙图像"及"现代宇宙学中的宇宙演化"中寻找答案。

还原论与整体论视野下的宇宙图像

在第一轴心时代,一些思想家就在思辨的基础上开始思考世界构成这类最基本的问题。也就是在这一时代,产生了最早的还原论理念。按照这一理念,世界所有的物质都是由一些最基本的元素构成,这些元素在古希腊的学者眼中可以是水,可以是气,可以是火,也可以是原子(这里的原子与现代意义上的化学元素不是一回事);在古代中国学者的眼中,则是金、木、水、火、土。由于一切物质都是由这些元素所构成的,所以要搞清楚这些物质的性质就必须从构成这些物质的元素出发,当人们掌握了关于这些元素的知识,才可能最终把握住由这些元素所组成的物质之本性。换言之，关于世界上一切物质最终都要还原为这些元素，关于物质的知识最终也要追溯于关于这些元素的知识；而只要掌握了关于这些元素的知识，就能够通过对这些元素的组合构建出繁杂的物质世界。

如果说在第一轴心时代关于还原论的理念还只是停留在哲学思辨层次而缺乏可行性，那么到了伽利略、牛顿时代，这种理念就开始成为一种可以具体落实的科学研究方法及实践。在这种理念指导下，科学家们系统地建立起了分析的方法，并利用这一方法，将一个系统（整体）拆解为各个子系统（部分），通过研究部分，重构整体，形成了关于整体的知识。可以说，自伽利略以来，人类正是利用这种分析的方法，才获得了在知识领域的突飞猛进，取得了无数的科学成果，建立起了一个又一个新学科，形成了今日之巍巍科学大厦。实际上，今天的还原论并不只是一种研究世界的方法，它还被一些学者视为宇宙构成的本质。在持有彻底还原论理念的学者们看来，无论是世界本身还是知识自身，都可以按照还原论的方式解构。按照这种还原论的观点，化学是研究分子变化的学科，分子又是由多个原子彼此间通过电磁相互作用而形成的稳定结构，因此研究物质构成与变化的化学从本质上讲，应该可以从物理学理论出发推导而获得，即化学可以还原为物理学；生命的基础是各种生物分子构成的生命体，分子与分子间的相互作用就其本质而言也不外乎电磁作用，因此生物学的基础就是化学与物理学，并归根结底还原为物理学。依据这一思路，对于人类所生存的世界，任何复杂的存在，最终都可以还原为一些最基本的单元；只要能够把握住构成这个世界的最基本的单元，建立起关于这些单元的知识，就能从本质上把握这个世界。可以说，自科学诞生以来的300多年中，这种理念在很大程度上是科学共同体的共识。

20世纪初的科学革命（物理学革命）彻底动摇了自牛顿以来在科

学界长期处于支配地位的绝对时空观和决定论观念,尽管如此,还原论的理念依然在科学界续存。作为这次科学革命中最伟大的学者,爱因斯坦在完成了狭义相对论和广义相对论的工作之后,把自己的目光转到了一个新的领域,即试图建立起一套完整的理论体系,统合引力作用和电磁作用(当时还没有关于弱作用和强作用的知识),建立起统一场论。爱因斯坦在这个方向上刻苦攻关数十年,直至去世。虽然他的工作并没有取得预期的成果,但由他开创的这一工作方向直至今天依然是物理学的核心之一,众多的一流学者们还在为建立统一场论而努力奋斗。与爱因斯坦时代的差别是,现在的物理学家已经了解到世界上存在着四种基本相互作用而不是两种,所以统一场论必须能够统合这四种相互作用,才可能完美地覆盖整个物理世界。电磁作用、引力作用是宏观、宇观作用;弱作用、强作用是微观作用。因此统一场论如果能够完成,将成为全面覆盖微观、宏观、宇观物理世界的基本理论,成为囊括整个物理世界的最强有力的理论。以还原论为出发点,如果有了完善的统一场论,就意味着人类可以拥有从基本粒子层次出发,通过四种基本物理作用而构建出整个物理世界的能力,进而构建出化学世界、生命世界等。这是一个何等美妙而又激动人心的前景!

但是,还原论自身并非属于科学体系,而是一种哲学层面的逻辑思辨,其可靠性、有效性并非无可置疑。事实上,在古代诞生早期还原论的同时,就出现了与之相反的观点,即认为整体高于部分,部分之间的相互作用将产生全新的结果,仅从部分出发并不能构建出整体的性质,只有从整体出发才可能真正理解部分。这种观点被称为整体论。无论是还原论还是整体论,作为一个明确的概念,其产生都是相当晚近的事情,如果溯本追源就可以发现这两种观点之分歧古已有之。作为不同的哲学理念,还原论和整体论的内容都极为复杂,不同的学者所阐述的内容并不一致,远不是几句话就可以说清楚的,此处只能泛泛而言。还原论已经讲到过，古代原子论就体现了这一理念，而整体论的一个较好实例就是中医学。在中医学理论中，人体被视为一个整体，各个器官彼此相互关联、相互影响；当这些器官的功能达到平衡时，人体健康；而致病的原因往往就是器官的功能失衡，某个器官的功能过强或过弱，都会导致疾病。因此，在中医的治疗过程中，着眼点通常不是某一个致病点，而是恢复体系的平衡。将这种观点推而广之，大及宇宙，就会认为宇宙中的万物并非个体的简单集合，而是彼此相互关联、相互影响，构成了宇宙整体。在近代，人们发现一批现象，包括自然现象和社会现象，无法用还原论的方法将之分解为各个部分而加以研究，或者利用还原论方法所得到的结果与现实有极大差异。因此，20世纪下半叶出现了一批面向复杂系统的新学科，形成了今日颇具规模的复杂性科学。可以说，复杂性科学是在应对复杂现实的情况下而生产的，其发展动力正是由于传统分析方法的失效。复杂性科学的一个重要发现就是当一个系统在特定条件下能够显现出其所有组成部分本身没有的属性，而这些属性只有当各个部分在一个更广泛的整体中相互作用时才会呈现。这种在更高级的系统层面所产生出新属性的现象被称为"涌现"。

  涌现是一种普遍的自然现象和社会现象。蚂蚁是一种颇为弱小的生物，没有什么智力。但是当形成蚁群时，蚂蚁会自发地组织起来，分工合作，营建结构复杂的巢穴，有组织地寻觅食物，建立食品储备，养育后代，形成极为复杂的、稳定的蚁群社会，展现出单只或少数蚂蚁时所完全不具备的属性，形成极为稳定的蚂蚁社会。从一定数量的蚂蚁聚集到产生新的属性不是一个线性过程，而是一个突变，在临界点附近微小的数量变化会使系统的性质产生质的变化，显现出全新的属性。涌现现象很难在还原论的框架下加以解释，而传统的分析方法对此也鲜有建树。当从复杂性科学的视角看待世界时，就会发现存在着一条迥异于还原论的路径,此时从基本粒子到原子,从原子到分子,从分子到生命,从生命到人类社会,每一个层级的提升都伴随着一次涌现,产生出了完全不同于其部分的属性。如果说从基本粒子到原子,从原子到分子这两个层级的提升在相当程度上还可以从其构成的部分利用物理学理论来推导获得的话,那么从分子到生命,从生命到人类社会这类层级提升就很难,甚至不大可能从相应的科学理论中推导出来。换言之,这些高层级的涌现已经无法还原到部分,世界在从简单到复杂的演化中出现了突变,展现出了全新的属性。复杂性科学的诞生时间还颇为短暂,虽然已经有很多学科都涉及复杂性问题,但是总体说来复杂性科学还远未到发展成熟的地步,其对传统科学范式的突破及其后果还有待观察。

现代宇宙学中的宇宙演化

宇宙,是一个古老的词语,人类在数千年前就开始谈论关于宇宙的问题。但是,在20世纪之前对于宇宙的探讨都还只是停留在概念层面、哲学层面。在这一时期,宇宙并非科学研究的对象,人类也完全没有研究宇宙的实证能力。20世纪初,随着物理学革命的到来,爱因斯坦重构了时空概念,几乎以一人之力建立起了广义相对论,为研究宇宙问题提供了科学理论,并由此诞生了一门新学科——宇宙学。自此,宇宙不再仅仅是哲学家和文人们表达个人观点和抒发个人情感的话题,而成了一个极为严肃的科学研究对象。在爱因斯坦建立广义相对论的时候,人们还普遍相信宇宙在时空上是无限的,因而从宏观上看宇宙应该处于一个稳定的状态,即稳态宇宙模型。正是出于这一模型,爱因斯坦在建立宇宙方程时为了获得方程的稳定解,专门在其方程中人为地引入了"宇宙常数"项。但是随后一些学者的研究显示,在不考虑宇宙常数的情况下,宇宙方程是有解的,而这个解是动态的,即宇宙自身处于非稳态,既可能膨胀(变大),也可能收缩(变小)。这一结果与当时流行的观念完全相悖。在这种情况下,到底是否应该加入宇宙常数就不再是简单的数学问题、理论问题,而是科学上的观测问题。也就是说,需要通过天文观测来验证宇宙的真实状态,是稳定不变,还是在改变?如果在改变,那么它是在膨胀,还是在收缩?

20世纪20年代,美国学者哈勃(1889—1953)发现了河外星系光谱的红移现象,并据此提出了著名的哈勃定律。根据物理学中的多普勒效应,光谱的红移意味着河外星系正在远离银河系的运动,即银河系与其他所有河外星系的距离在变得越来越大。而且哈勃发现,河外星系远离银河系的速度与该星系到银河系间的距离成正比,离开银河系越远的河外星系其远离的速度就越快。如果宇宙是稳态的,那么宇宙中各个星系之间的平均距离应该保持不变,在微观层面显现出的图像应该是河外星系既有远离银河系的,也有靠近银河系的,而在宏观统计上则保持各个星系间距离的稳定。此时观察到的光谱就应该是既有红移的,也有蓝移的,两者的数量应该基本相等。然而,这与天文观测的结果并不一致。显然,哈勃的发现意味着宇宙并非处于稳态,而是处于一个膨胀状态,宇宙中所有的星系都正在彼此远离。

当逆时光去看待宇宙时,就不难想象到过去的宇宙要小于今天的宇宙;时间越早,宇宙越小,星系间的距离就越近。如果推到极致,宇宙必将有一个无限小的时刻,宇宙是一个数学点!在牛顿时代,空间被理解为空置的大箱子,时间是流逝的河流,物质可以被放置在空间中,而空间也可以空无一物;时间的流逝与空间中是否有物质毫无关系。总之,时空是独立于物质的一种绝对存在。这种观念与人们的常识完全相符,很容易为人们所认可、接受。但爱因斯坦的广义相对论构建出了一种完全超出人们日常感受的时空-物质关系,在这一理论中,时空-物质(包括能量)是一体的:没有物质,也就没有时空;没有时空,也就没有物质。这种时空-物质观与牛顿的大相径庭,完全打破了经典物理的时空-物质观。按照中国古人的解释,"四方上下曰宇,往古来今曰宙",宇宙本就是时空概念,而现在在科学的体系中时空有了起点,相应的物质也就有了创生。在这个起点之前(严格地讲没有"之前"),既没有时空,也没有物质。换言之,时空与物质是凭空产生的!这种从无到有,从一个数学点(又被称为"原始火球")的不断膨胀而形成宇宙的模型被称为"宇宙大爆炸"模型。这一模型不但得到哈勃定律的支持,同时也得到氢-氦元素丰度以及宇宙背景辐射等几个天文观测结果的支持,是今日宇宙学的普遍共识。依据这一模型,一个必然的结论是,宇宙自身有一个演化过程。

从牛顿建立科学体系以来,科学界的一个共识是,自然规律具有时空不变性,即自然规律不因时空变化而改变,用科学的语言说,就是"自然规律具有时空协变性"。如果在时空坐标系中用数学公式表达一个自然规律,那么这个公式的形式将不因改变时空原点而变化。由于存在时间协变性,所以有能量守恒定律;由于存在空间协变性,所以有动量守恒定律。如果对于一个稳态宇宙,那么这种认知应该没有任何问题:在任意选择的两个时点,对比宏观的宇宙,可以发现两个时点的宇宙是完全相同的,在宏观上没有差异。但是,如果宇宙自身是动态变化的,那么这种自然规律的时空协变性是否能够保持,似乎就需要认真考察了。

科学研究的目的是发现自然规律,但其前提是有明确的对象,且这一对象能够被感知。大爆炸宇宙模型告诉我们宇宙始于一个时空-物质奇点,而今天我们能够感知的物质世界并非产生于爆炸之初,而是随着时间推移而出现的。现今世界上有很多关于宇宙学的著述,其中一些著作极为详尽地描述了宇宙诞生最初时刻的状况,时间计数可以精确到宇宙诞生之初的10^{-44}秒量级。如果相信这些描述,那么可以肯定的是，最初宇宙的温度极高，密度极大，没有质子、中子，大概是由夸克、电子、光子等基本粒子构成，随着宇宙不断膨胀，其温度逐渐降低，夸克开始结合，形成质子、中子，进而出现原子核。最早出现的原子核多是氢核、氦核，当温度进一步降低，原子核捕获电子形成稳定结构，才出现氢、氦等元素。有了这些元素，才有了此后出现分子的可能；有了分子，再经过数以亿计年代的演化才出现生命。显然这个图像和稳态宇宙有着本质差异：在稳态宇宙的情况下，宇宙中任意一个时空点所观察的现象、发现的规律都一定有普适性，因此可以建立起统一的自然规律；而在动态宇宙的情况下，不同时空点所存在的物质形态不同，展现的现象不同，所遵从的规律也可能不同。在稳态宇宙中，给定一个时间点，当遍历所有空间点时，宇宙中所有可能的存在、现象都可以被发现；而在动态宇宙中，则不尽然：不同时点宇宙中物质存在的形态可以完全不同，在给定时点无法遍历宇宙所有可能的存在与现象。换言之，在动态宇宙中，只有有限时段生命的人类不具有观察到宇宙中所有存在的可能性，而这种观察是建立科学理论的前提，所以人类不具有建立普适的、可以覆盖宇宙全演化期的科学理论之可能。

可以更具体地说明这一结论。在宇宙诞生之初的一段时间里，夸克结合成重子，形成原子核，原子核处于完全裸露的等离子态，没有原子存在，如果有超级智慧在这一时期研究宇宙，不可能搞清原子物理的规律；而在原子出现后的一段时间内，宇宙中不存在分子，原子彼此间无法形成稳定的键合，如果有超级智慧在这一时期研究宇宙，不可能搞清化学规律；在出现分子后的很长一段时间里（数十亿年），宇宙中没有生命体，如果有超级智慧在这一时期研究宇宙，不可能搞清生命科学规律。按照复杂性科学的认知，宇宙随着时间的推移在不断演化，涌现出了更为高级的原子物理规律、化学规律、生命科学规律。在新的物质状态产生以前，无所谓关于这些状态的规律，科学规律在不断产生。这种图像显然与传统理念大相径庭。还原论者可以辩解说尽管在宇宙诞生之初没有原子、分子、生命,但是有基本粒子,而从基本粒子的性质、规律出发,就可以决定此后原子、分子乃至生命的种种性质及其规律。某种意义上,这一说法可以在柏拉图、朱熹(1130—1200)这些先哲那里找到思想源流。按照柏拉图的观点,世界的本质是理念,世界上一切物质的形态都可以归结为终极理念的展现。按照朱熹的观点,天理是至高无上的,世间的一切事物都要按照天理运行,天理先于一切具体的存在。从这类观点出发,可以把宇宙的演化解释为宇宙在按照某种理念或天理运行,在不同的演化阶段展现出物质的不同形态、现象,遵从不同形式的规律,其背后的终极理念是不变的、唯一的,而这类终极的理念、天理还可以换个说法,就是神明。这类观点无法通过实证加以验证,已然脱离了科学研究的范畴,成为思辨的对象,是哲学家们所关心的议题。仅从思辨的角度,确实人们无法在逻辑上否认这类观点。但是当涉及人类是否有可能通过掌握终极的科学体系,解释一切现象,把握宇宙演化的路径时,就必然涉及具体的操作,就有了可以从科学上进行探讨的空间。

科学的本质,即科学是基于实证的、定量化的逻辑理论体系。关键是实证。没有了实证,就无所谓科学。宇宙在变化,意味着宇宙中的物质存在形态在改变,有发生,有湮灭。当一种物质存在的形态出现了,相应的现象就可以被观察到,成为建立科学的基点;当一种物质存在形态消失了,就失去了直接观察其现象的可能性,即使还可能有存在的遗迹,但是否还能据此形成科学理论,会有很大问题。前者较为容易理解,而后者需要进一步说明。比如,今天的人们都不会怀疑恐龙作为一种物种曾经在地球上存在这一事实。但今天恐龙已经灭绝,尽管一些研究表明鸟类是某一种恐龙的后裔,人们也不断在地质考察中发现恐龙的遗骸,可总体说来要想完全搞清楚恐龙的生物学属性,建立完整的恐龙生物学，是不太可能的。由于缺乏完整的实证数据，关于恐龙的学说只可能是残缺不全的。而在地球演化的数十亿年中，尽管今日可以找到一些古生物化石，也根本无法否认有着多种生命形态的存在可能已经完全消失，完全没有留下任何可观测的遗存。对于这种完全消失的"存在"，在今天已经完全不可能给出真实的描述，并建立起相关学科了。看起来这只是地球上生物演化中的现象，与宇宙无关。但在动态宇宙模型中，物质存在形态真是一成不变吗？从大爆炸模型中，人类已经可以得出宇宙中的物质形态从夸克→原子核→原子→分子→生命的演化程序。这些物质形态都是生活在现今这个宇宙时点的人类可以通过各类实验而确认存在的。那么，这自然会产生以下几个问题。

第一个问题：物质形态是否一旦产生就会永恒存在？ 宇宙中物质存在的形态会变迁，这点在宇宙的标准模型中是认可的。从大爆炸理论看，宇宙诞生之初有过一个极端高温、高密度的时期。对于这一时期物质的形态，现代宇宙学实际上是把今天人们所掌握的基本粒子物理知识直接外推到这一时期，而这种外推本身并没有任何的实验观测作为支撑。换言之，当今对于宇宙诞生之初的物质形态只有假说。原则上讲，一切科学理论在诞生之初都是假说，可以被称为"科学假说"。科学假说是一般假说中的一种特例，一个明确区分就是作为科学假设，其前提是这一假说在原则上可以用科学实验或严谨的科学观测加以验证。一个原则上无法验证的假说，只能是永恒的假说，永远无法纳入科学体系。由于宇宙诞生之初的条件如此极端，今天很难设想人类可以在实验室完全复现出这一场景。一些基本粒子物理学家在不断地提出要求，建设高能加速器，用来研究在高能状态下的基本粒子状况。实际上，世界上已经建成了一些高能加速器。但是这些加速器所提供的能量和环境与宇宙诞生之初的状况依然会有极大的差别，想要据此来对早期宇宙的状况做出最终判断，几乎是不可能的。人的能力毕竟是极为有限的。此外，人们也可以提出完全相反的假设，即在宇宙之初曾经有过与今天人们能够掌握的物质完全不同的状态，这种状态仅存在于高温、高密度的情况下，当宇宙膨胀到一定程度，才出现今天人们所理解的一些基本粒子，而早期的物质状态已完全消失。当然这种假说也无法得到实验支持，也只能是"假说"，而非"科学假说"。这两种看法，即认为宇宙初期存在过今天人们所未知的物质状态，以及宇宙初期的物质状态就是由今天人们所掌握的基本粒子构成，原则上都无法得到实证的验证，因此都无法成为"科学假设"，而只能是一种遐想。换言之，宇宙之初的状态很可能只能作为一个哲学议题，而无法纳入科学体系。但是如果无法明确地给出答案，那么试图在现代基本粒子物理等理论基础上建立统一场论的努力就会有极大的不确定性。

有人可能会问：物质存在的状态怎么可能会消失？基本粒子、原子、分子一旦出现，似乎就应该永久地存在，根本无法想象这些最基本的物质形态消失的情形。其实在大爆炸模型中，最初的宇宙中是可以有自由夸克的，但是随着宇宙膨胀，温度剧降，夸克结合成中子、质子，形成强子，自由夸克消失了。今天人们只能通过高能物理实验来捕捉夸克存在的证据。那么，以此类推，当然可以设想存在过比夸克更"基本"的粒子了。另外，如果回到大爆炸宇宙演化模型，就会发现宇宙物质形态的生生灭灭是完全可能的。大爆炸是爱因斯坦宇宙方程的一个解，其成功在于它得到了多项天文观测的支持。作为宇宙方程的解，取决于宇宙的质量，大爆炸模型对宇宙的未来描述了三种前景：当宇宙物质质量总量超过某临界值，宇宙在膨胀到一定程度后会转向收缩，形成膨胀-收缩状态；当总质量恰好等于这一临界值，宇宙膨胀到一个极限，达到平衡，处于稳态；当总质量小于这一临界值，宇宙将无限膨胀。实现第二种前景的条件过于苛刻，因此出现的可能性很低。所以，宇宙的未来基本上可以说只有两种可能：一个是封闭的，宇宙不断膨胀——

收缩—膨胀—收缩;一个是开放的,宇宙将变得无穷大。在封闭模型中,可以想象在膨胀周期内,物质从基本粒子—原子核—原子—分子—生命而发展变化,但在收缩周期,将呈现生命消失—分子消失—原子消失—原子核消失,最终只剩基本粒子,乃至物质完全消失,宇宙重新回到数学点的原始状态,物质、时空都消失,等待(由于没有了时间,"等待"一词并不准确)下次大爆炸。所以在这种情况下,物质存在的形态不但有产生的过程,也会有消亡的过程。在开放模型中,宇宙将无限扩张,所有星体所进行的热核反应都将最终停止,宇宙的背景温度趋于绝对温度0K,走向热寂。在这种环境下,所有的生命都终结,而分子、原子等将会因冻结而永恒续存。如果考虑到量子力学的隧穿效应,即使在0K条件下,分子出现分解的概率也并非为0。因此,在开放的宇宙中,分子也有最终消失的可能。对于宇宙到底是开放的,还是封闭的,可以通过天文观测来加以判断。近年来大量的天文学研究都与寻求暗物质、暗能量有关。这些研究事实上与判断宇宙的演化方向有密切关系。但是,判断的基础是宇宙方程,而在宇宙演化的时空尺度上其实人类并没有能力判决这一方程是否有效。

第二个问题:现代宇宙学所描述的宇宙之初的物质形态是否完备? 答案显然是否定的。作为智慧生命的人类出现在宇宙演化的特定阶段,而人类认识世界的能力受限于自身的有限性以及所存在的时空区间。以人类认知能力和生存条件的有效性去试图把握遥远宇宙之初,建立起完备的知识体系,只能说都过于自信了。现代宇宙学建立在广义相对论基础之上,是一门科学。但是,在涉及宇宙之初的认知时,所面对的状态完全超出了今天人类所能观察到的任何状态。想要证明宇宙学在这里的完备性,需要复现宇宙之初的状态,而这点在实际操作上绝无可能。因此,宇宙学对于这一时期的描述是且只能是假说,并且在原则上看不到今后有办法真实观察这一状态的可能性。于是,宇宙学中关于早期宇宙演化的描述实际上已经脱离了科学体系，只能被视为一种永远无法被证实或证伪的假说。

第三个问题：人类是否具有建立大一统科学体系的可能？ 答案也是否定的。科学是一门基于实证理性的理论体系。如果没有了实证的基础，那么一个理论体系就不可能"科学"。对于一个发展、变化的宇宙，其时间尺度以百亿年计，物质状态变化万千，而人类的出现不过百万年，科学的出现不过区区300余年，只是发生在宇宙演化过程中极为短小的一个时空区间。以这样一个时空区间所能够观察到的现象构建起的科学体系来描述整个宇宙的演化图像，需要多大的"勇气"！基于这种有限条件下的观察，既不可能对宇宙之初的物质状态给出确切的、真实的认知，也不可能预言宇宙今后演化中所可能产生出的物质新形态。在今天的地球上，人类认识到的物质存在最高形态就是智慧生命，但是没有任何人可以确认在今后漫长的宇宙演化中是否还会产生出其他物质存在形态，会涌现出怎样的新世界。当然可以有人对宇宙的演化建立起各种各样的全新理论，对未来做出种种预测、描述。但是，由于没有实证（因为还没有发生），这种理论永远不可能成为"科学"，而只能是思想游戏。

总结

至此，可以对科学的限界有一个比较明确的推论了。首先，需要再次明确两个大前提：

（1）科学的基础是实证，没有实证支持的理论只能是假说，而原则上永远无法通过实证得到支持的理论不能纳入科学体系；

（2）承认得到实证支持的宇宙学理论、基本粒子物理学等学科的现有主要成果，并以此为基本出发点。

有了这两个前提，就可以得到以下推论：

（1）宇宙是动态的，宇宙中物质存在的形态是变化的；

（2）从大爆炸以来，宇宙中物质存在的形态有由简单而趋于复杂的趋势，当一种新物质形态出现时伴随着全新的物性产生，是一种涌现；

（3）目前的宇宙处于膨胀状态，最终是开放还是封闭则有待进一步观测结果的确认；

（4）人类生存在一个相比于宇宙（宇宙即时空）而言极为有限的时空区间；

（5）人类所能观测到的宇宙是不完整的，既无法观测到宇宙之初，也无法观测到宇宙之未来；

（6）由此导致人类对宇宙的认识只能建立在基于有限时空区间内的现象，而这些现象原则上讲是不完备的，只能反映某个特定时空区间（又可称为"时空片段"），而无法反映出宇宙演化的全过程；

（7）在人类所能够提出的理论中只有那些能够被这些可观察现象所验证的部分可以成为科学，而超出这些现象范围的理论永远无法成为科学；

（8）由此可以断定人类的科学体系必定是残缺的、不完备的；

（9）基于这种不完备的认知体系所建立的理论不具备解释、预言宇宙演化全过程的能力，即科学的有效性是有边界的，这一边界在原则上无法突破。

科学是有限界的，意味着掌握科学、创造科学的人类在认识世界方面也存在着限界，由此基于认知而试图控制、改造世界的努力必然是有限界的。16世纪以来，起自欧洲的社会变革动摇了宗教的权威性，上帝丧失了神圣性，同时圣人们也不再绝对伟岸，人类社会走向世俗，走向多元，人类需要自己去探索、把握自己的命运。在理性主义、科学主义兴起之初，不少先哲期盼理性和科学可以帮助人们最终掌握自己的命运。这种期盼的本质在很大程度上就是想用理性和科学替代宗教，为人们确立生活的准则、行为的指导。消除不确定性，期望能够预知未来，是人本能的一种体现。但是科学的发展却揭示了科学自身所永远无法克服的障碍，使得试图用科学来解决最终问题的企图受阻。在没有神圣的世界中，人们需要通过不断试错来摸索前进的方向，既没有超自然的神明，也没有能够把握一切的理性可以帮助人们预先确定正确的方向。人类所能依赖的只能是自己不断尝试与探索，并且做好随时碰壁的准备。

科学发展有限界，这似乎是一个不妙的前景。但是人类现在离这个天花板还有很长的距离，在达到这个天花板之前还可以做很多工作。即使科学有其限界，但在技术领域状况则要好得多，尽管近代以来的技术发展之根基与科学有极大关联。如已经讨论过的那样，技术与科学本来就是两件事，虽然彼此间有一定关联。如果仔细考察现今技术发展的具体状况，就不难发现在20世纪科学革命发生以来的百年中，科学的进步相对而言较为缓慢，而技术的进步极为高速。特别是21世纪以来，科学领域已鲜有重大突破，而技术的进步丝毫没有停滞的迹象。事实上，技术在某种意义上可以是既有知识、技能的排列组合。在现有知识与技能的体系下，这种排列组合可能形成的组合体之总数可以近乎无限，也就是说，即使没有科学的进步，技术发展的空间依然巨大。以材料科学技术为例。世界上所有的材料都由原子、分子构成，相关的科学体系已经建立了上百年，至今已相当成熟，基本理论上的发展、突破可以说已然停滞。已知的元素种类超过100种，除去少数半衰期极短的人工合成放射性元素，地球上普遍存在的稳定元素和半衰期很长的元素种类之和接近100。当不同元素组合在一起形成一种材料时，材料的性能会因其构成的元素种类不同、比例不同、合成工艺不同（包括温度、气氛、压力、湿度、后处理等）、形态不同（体材料、纳米材料、复合材料等)而不同。当把这近100种元素进行排列组合,再考虑不同合成工艺和材料形态,就可以发现人类可以合成、制造出的材料种类的数量是天文数字。再考虑基于这些材料的组合来设计、制造产品,那么产品的种类数必将趋于无穷大。以人类有限的人力资源以及在宇宙中有限的生存期间,完全没有穷尽这些组合的可能性。换言之,仅就一个材料技术领域,就会为人类的技术研发提供近乎无穷的开发空间。而材料技术所涉及的研发只是人类正在开发的各种技术领域中的一角,除此以外还有大量的技术领域有待深入研发。所以,在人类有限的生存期间,科学有限界,而技术无穷尽。

图书在版编目（CIP）数据

科学的底色/吴晓京著. -- 上海：上海科技教育出版社，2024.8.--（哲人石）. -- ISBN 978-7-5428-8199-1

Ⅰ.Z228

中国国家版本馆CIP数据核字第2024B87F33号

责任编辑　王　洋
封面设计　木　春

KEXUE DE DISE

科学的底色

吴晓京　著

出版发行　上海科技教育出版社有限公司
（上海市闵行区号景路159弄A座8楼　邮政编码201101）
网　　址　www.sste.com　www.ewen.co
经　　销　各地新华书店
印　　刷　上海华顿书刊印刷有限公司
开　　本　720×1000　1/16
印　　张　13
版　　次　2024年8月第1版
印　　次　2024年8月第1次印刷
书　　号　ISBN 978-7-5428-8199-1/N·1225
定　　价　58.00元